Content

answers

Las respuestas
Presente Simple

➡ *regular verbs*

1. Conjugate all these verbs by person.

	practicar	**cocinar**	**bailar**	**gastar**	**aprender**
Yo	practico	cocino	bailo	gasto	aprendo
Tú	practicas	cocinas	bailas	gastas	aprendes
Él, Ella	practica	cocina	baila	gasta	aprende
Nosotros	practicamos	cocinamos	bailamos	gastamos	arendemos
Vosotros	practicáis	cocináis	bailáis	gastáis	aprendéis
Ellos, Ellas	practican	cocinan	bailan	gastan	aprenden

	beber	**leer**	**responder**	**vivir**	**escribir**
Yo	bebo	leo	respondo	vivo	escribo
Tú	bebes	lees	respondes	vives	escribes
Él, Ella	bebe	lee	responde	vive	escribe
Nosotros	bebemos	leemos	respondemos	vivimos	escribimos
Vosotros	bebéis	leéis	respondéis	vivís	escribís
Ellos, Ellas	beben	leen	responden	viven	escriben

	recibir	**abrir**	**correr**	**escuchar**	**existir**	**necesitar**
	recibo	abro	corro	escucho	existo	necesito
	recibes	abres	corres	escuchas	existes	necesitas
	recibe	abre	corre	escucha	existe	necesita
	recibimos	abrimos	corremos	escuchamos	existimos	necesitamos
	recibís	abrís	corréis	escucháis	existís	necesitáis
	reciben	abren	corren	escuchan	existen	necesitan

2. Conjugate all these verbs by person - BUT - **in this task the personal pronouns are mixed** (they go in a random order) be careful :)

	comprar	**cenar**	**cantar**	**estudiar**
Tú	compras	cenas	cantas	estudias
Ellos, Ellas	compran	cenan	cantan	estudian
Nosotros	compramos	cenamos	cantamos	estudiamos
Yo	compro	ceno	canto	estudio
Vosotros	compráis	cenáis	cantáis	estudiáis
Él, Ella	compra	cena	canta	estudia

Las respuestas
Presente Simple

	vender	prometer	meter	creer
Él, Ella	vende	promete	mete	cree
Yo	vendo	prometo	meto	creo
Tú	vendes	prometes	metes	crees
Nosotros	vendemos	prometemos	metemos	creemos
Ellos, Ellas	venden	prometen	meten	creen
Vosotros	vendéis	prometéis	metéis	creéis

	subir	decidir	añadir	describir
Yo	subo	decido	añado	describo
Nosotros	subimos	decidimos	añadimos	describimos
Ellos, Ellas	suben	deciden	añaden	describen
Él, Ella	sube	decide	añade	describe
Vosotros	subís	decidís	añadís	describís
Tú	subes	decides	añades	describes

	interrumpir	asistir	viajar	esconder
Nosotros	interrumpimos	asistimos	viajamos	escondemos
Yo	interrumpo	asisto	viajo	escondo
Vosotros	interrupís	asistís	viajáis	escondéis
Él, Ella	interrumpe	asiste	viaja	esconde
Tú	interrumpes	asistes	viajas	escondes
Ellos, Ellas	interrumpen	asisten	viajan	esconden

3. Fill in the **regular verbs** in the blanks in the indicated person.

1) ¿A qué hora **desayunas**? (desayunar, tú)
2) **Vivimos** en un edificio antiguo. (vivir, nosotros)
3) Cada día **me levanto** a las siete de la mañana. (levantarse, yo)
4) Mi hermano **vende** coches / carros. (vender, él)
5) Te **prometo** que esta semana irémos al cine. (prometer, yo)
6) ¡Wow! **Cantas** muy bonito. (cantar, tú)
7) ¿**Corréis** por las mañanas? (correr, vosotros)
8) ¿Por qué no **bailas**? (bailar, tú)
9) Veo que **gastamos** mucho en agua. (gastar, nosotros)

3

Las respuestas
Presente Simple

10) ¿_____Cocináis_____ cada día? (cocinar, vosotros)

11) _____Necesito_____ aprender todos estos temas para el examen de mañana. (necesitar, yo)

12) ¿_____Creéis_____ en Papá Noel? (creer, vosotros)

13) Cada mes _____viajamos_____ a un país nuevo. (viajar, nosotros)

14) ¿Por qué no _____vendes_____ tu coche viejo? (vender, tú)

15) Mi mamá siempre _____esconde_____ regalos antes de Año Nuevo. (esconder, ella)

16) Cada día _____subo_____ y _____bajo_____ 5 pisos, porque no tenemos elevador. (subir, bajar - yo)

17) Mis hijos siempre _____pasean_____ después de la escuela, _____descansan_____ y luego hacen la tarea. (pasear, descansar - ellos)

18) Cuando voy a conferencias, siempre _____anoto_____ lo que dicen los oradores. (anotar, yo)

19) _____Amo_____ mis plantas. En la mañana las _____saco_____ a la calle y en la noche las _____meto_____ adentro. (amar, sacar, meter - yo)

20) Niños, vosotros _____escucháis_____ música demasiado alto. (escuchar)

21) _____Existen_____ tantas cosas increíbles en el mundo. (existir, ellas)

22) No _____bebo_____ alcohol para nada. (beber, yo)

23) En mi escuela _____debemos_____ leer aproximadamente 20 libros al año. (deber, nosotros)

24) Vamos a tomar café, te _____invito_____. (invitar, yo)

➡ *irregular verbs*

4. *Conjugate all these verbs by person.*

	hacer	elegir	estar	cerrar	encontrar
Yo	hago	elijo	estoy	cierro	encuentro
Tú	haces	eliges	estás	cierras	encuentras
Él, Ella	hace	elige	está	cierra	encuentra
Nosotros	hacemos	elegimos	estamos	cerramos	encontramos
Vosotros	hacéis	elegís	estáis	cerráis	encontráis
Ellos, Ellas	hacen	eligen	están	cierran	encuentran

Las respuestas
Presente Simple

	pedir	conocer	tener	ver	oír
Yo	pido	conozco	tengo	veo	oigo
Tú	pides	conoces	tienes	ves	oyes
Él, Ella	pide	conoce	tiene	ve	oye
Nosotros	pedimos	conocemos	tenemos	vemos	oímos
Vosotros	pedís	conocéis	tenéis	veis	oís
Ellos, Ellas	piden	conocen	tienen	ven	oyen

	dormir	conducir	salir	seguir	calentar
Yo	duermo	conduzco	salgo	sigo	caliento
Tú	duermes	conduces	sales	sigues	calientas
Él, Ella	duerme	conduce	sale	sigue	calienta
Nosotros	dormimos	conducimos	salimos	seguimos	calentamos
Vosotros	dormís	conducís	salís	seguís	calentáis
Ellos, Ellas	duermen	conducen	salen	siguen	calientan

	volver	querer	decir	saber	probar
Yo	vuelvo	quiero	digo	sé	pruebo
Tú	vuelves	quieres	dices	sabes	pruebas
Él, Ella	vuelve	quiere	dice	sabe	prueba
Nosotros	volvemos	queremos	decimos	sabemos	probamos
Vosotros	volvéis	queréis	decís	sabéis	probáis
Ellos, Ellas	vuelven	quieren	dicen	saben	prueban

	sentir	repetir	dar	construir	poner
Yo	siento	repito	doy	construyo	pongo
Tú	sientes	repites	das	construyes	pones
Él, Ella	siente	repite	da	construye	pone
Nosotros	sentimos	repetimos	damos	construimos	ponemos
Vosotros	sentís	repetís	dais	construís	ponéis
Ellos, Ellas	sienten	repiten	dan	construyen	ponen

Las respuestas
Presente Simple

	agradecer	ser	contar	traer	venir
Yo	agradezco	soy	cuento	traigo	vengo
Tú	agradeces	eres	cuentas	traes	vienes
Él, Ella	agradece	es	cuenta	trae	viene
Nosotros	agradecemos	somos	contamos	traemos	venimos
Vosotros	agradecéis	sois	contáis	traéis	venís
Ellos, Ellas	agradecen	son	cuentan	traen	vienen

	influir	ir	producir	freír	mover
Yo	influyo	voy	produzco	frío	muevo
Tú	influyes	vas	produces	fríes	mueves
Él, Ella	influye	va	produce	fríe	mueve
Nosotros	influimos	vamos	producimos	freímos	movemos
Vosotros	influís	vais	producís	freís	movéis
Ellos, Ellas	influyen	van	producen	fríen	mueven

	empezar	pensar	recordar	caber	jugar
Yo	empiezo	pienso	recuerdo	quepo	juego
Tú	empiezas	piensas	recuerdas	cabes	juegas
Él, Ella	empieza	piensa	recuerda	cabe	juega
Nosotros	empezamos	pensamos	recordamos	cabemos	jugamos
Vosotros	empezáis	pensáis	recordáis	cabéis	jugáis
Ellos, Ellas	empiezan	piensan	recuerdan	caben	juegan

	acostarse	poder	encender	despertarse
Yo	me acuesto	puedo	enciendo	me despierto
Tú	te acuestas	puedes	enciendes	te depiertas
Él, Ella	se acuesta	puede	enciende	se despierta
Nosotros	nos acostamos	podemos	encendemos	nos despertamos
Vosotros	os acostáis	podéis	encendéis	os despertáis
Ellos, Ellas	se acuestan	pueden	encienden	se despiertan

Las respuestas
Presente Simple

*5. Conjugate all these verbs by person - BUT - **in this task the personal pronouns are mixed** (they go in a random order) be careful :)*

	tener	**pensar**	**estar**	**oír**
Yo	tengo	pienso	estoy	oigo
Nosotros	tenemos	pensamos	estamos	oímos
Ellos, Ellas	tienen	piensan	están	oyen
Él, Ella	tiene	piensa	está	oye
Vosotros	tenéis	pensáis	estáis	oís
Tú	tienes	piensas	estás	oyes

	empezar	**conocer**	**dormir**	**venir**
Él, Ella	empieza	conoce	duerme	viene
Yo	empiezo	conozco	duermo	vengo
Tú	empiezas	conoces	duermes	vienes
Nosotros	empezamos	conocemos	dormimos	venimos
Ellos, Ellas	empiezan	conocen	duermen	vienen
Vosotros	empezáis	conocéis	dormís	venís

	dar	**volver**	**influir**	**sentir**
Tú	das	vuelves	influyes	sientes
Ellos, Ellas	dan	vuelven	influyen	sienten
Nosotros	damos	volvemos	influimos	sentimos
Yo	doy	vuelvo	influyo	siento
Vosotros	dais	volvéis	influís	sentís
Él, Ella	da	vuelve	influye	siente

	conducir	**querer**	**pedir**	**poder**
Nosotros	conducimos	queremos	pedimos	podemos
Yo	conduzco	quiero	pido	puedo
Vosotros	conducís	queréis	pedís	podéis
Él, Ella	conduce	quiere	pide	puede
Tú	conduces	quieres	pides	puedes
Ellos, Ellas	conducen	quieren	piden	pueden

Las respuestas
Presente Simple

*6. Fill in the **irregular verbs** in the blanks in the indicated person.*

1) Normalmente mi hermana Lucía ___se despierta___ a las 10 de la mañana, porque le encanta dormir.
(despertarse, ella)

2) ¿Qué ___quieres___ desayunar? (querer, tú)
3) Date prisa, no ___tenemos___ mucho tiempo. (tener, nosotros)
4) Mi esposo ___construye___ edificios altos. (construir, él)
5) Ahora ___estamos___ en la calle principal de la ciudad.
(estar, nosotros)

6) ¿Me ___calientas___ la sopa por favor? (calentar, tú)

7) Los viernes ___salgo___ del trabajo más temprano. (salir, yo)
8) ¿Me ___puede___ ayudar por favor? (poder, usted)
9) ___Os acostáis___ demasiado tarde. (acostarse, vosotros)
10) Creo que los niños ___ven___ mucha televisión. (ver, ellos)
11) ¿___Vienes___ esta tarde a la fiesta de cumpleaños de Juan? (venir, tú)
12) ¿Cuánto tiempo ___fríes___ un pescado? (freír, tú)
13) ¿___Pedimos___ un taxi? (pedir, nosotros)
14) No ___conozco___ a nadie en esta fiesta. (conocer, yo)
15) No ___encuentro___ mis llaves... ¿___Sabes___ dónde están?
(encontrar - yo, saber - tú)

16) ¿Dónde ___ponemos___ esta planta? (poner, nosotros)

17) ¿Ya ___sirvo___ la mesa? (servir, yo)
18) - ¿___Oyes___ eso? (oír, tú)
   - No, no ___oigo___ nada. (oír, yo)
19) Buenas tardes señor Manuel. ¿Cómo ___se siente___ hoy?
(sentirse, usted)
20) Normalmente ___conduzco___ bastante rápido. (conducir, yo)
21) ¿___Juegas___ al fútbol? (jugar, tú)
22) Mi mamá ___empieza___ a trabajar a las 9. (empezar, ella)
23) ¿Por qué no ___probáis___ este pastel. (probar, vosotros)

Las respuestas
Presente Simple

*7.Now let's combine what we have covered. Fill in the **regular and irregular verbs** in the blanks in the indicated person.*

1) En las fiestas de cumpleaños nosotros siempre _____**cantamos**_____. (cantar, nosotros)

2) Cada noche mi mamá _____**lee**_____ un libro antes de dormir. (leer, ella)
3) Luis _____**quiere**_____ comprar un coche nuevo. (querer, él)
4) Cada mañana _____**corro**_____ con mi hermano. (correr, yo)
5) Ahora _____**estamos**_____ en la biblioteca, te _____**llamo**_____ más tarde.
(estar - nosotros, llamar - yo)

6) Yo _____**prefiero**_____ tomar café con leche. (preferir, yo)

7) Cada sábado Juan _____**va**_____ al cine con su novia. (ir, él)
8) Maricela y yo _____**somos**_____ bailarinas profesionales. (ser)
9) Mi abuela _____**cocina**_____ las mejores empanadas. (cocinar)
10) Después de la escuela los niños siempre _____**juegan**_____ al fútbol en el patio.
(jugar)

11) ¿Vosotros _____**compráis**_____ verduras y frutas en mercado o en supermercado? (comprar)

12) Ellos _____**dicen**_____ que la fiesta es el viernes, y yo _____**digo**_____ que es el sábado.
(decir)
13) ¿_____**Saben**_____ ustedes cuándo _____**llega**_____ el autobús?
(saber - ustedes, llegar - él)
14) Ella _____**viene**_____ a visitarnos este fin de semana. (venir)
15) Ellos _____**tienen**_____ 18 perros. (tener)
16) Érica siempre _____**vuelve**_____ tarde a casa, porque _____**estudia**_____ en una universidad y después _____**trabaja**_____ en un gimnasio. (volver, estudiar, trabajar)

17) Cada domingo _____**frío**_____ pescado entero o mariscos para cenar. (freír, yo)

18) _____**Me siento**_____ muy bien, gracias. (sentirse, yo)
19) ¿A qué hora _____**te acuestas**_____? (acostarse, tú)
20) Siempre _____**empiezo**_____ mi día con frutas. (empezar, yo)

Las respuestas
Presente Simple

*8. Fill in the **regular and irregular verbs** in the blanks in the indicated person in Presente Simple.*

Mi nombre <u>es</u> Carla. (ser)

Yo (vivir) _____**vivo**_____ en una ciudad pequeña llamada Santillana del Mar, España. Yo (tener) _____**tengo**_____ una familia grande - mi mamá Pilar, papá Daniel y tres hermanos Julia, Sofía y Hugo. Mis abuelos (vivir) _____**viven**_____ cerca de nosotros. Nosotros (disfrutar) _____**disfrutamos**_____ mucho de la vida aquí, porque es muy tranquila, el clima es muy agradable y también (venir) _____**vienen**_____ turistas de diferentes países. Durante la semana, yo (trabajar) _____**trabajo**_____ en una panadería. Me (encantar) _____**encanta**_____ mi trabajo y nosotros cada día (preparar) _____**preparamos**_____ pan y dulces frescos y deliciosos.

Mi hermano Hugo, (estudiar) _____**estudia**_____ en la universidad de Madrid. Él (querer) _____**quiere**_____ ser médico. Cada mes él (venir) _____**viene**_____ a casa. Nosotros (hacer) _____**hacemos**_____ fiesta y (reunirse) _____**nos reunimos**_____ con toda la familia.

Mis padres (ser) _____**son**_____ profesores. Mi mamá (enseñar) _____**enseña**_____ matemáticas y mi papá (trabajar) _____**trabaja**_____ en una escuela primaria. Ellos (ser) _____**son**_____ muy buenos con los niños.

Los fines de semana, mi familia y yo (salir) _____**salimos**_____ al campo. Nosotros (caminar) _____**caminamos**_____ por el bosque y (disfrutar) _____**disfrutamos**_____ de la naturaleza.

Yo (tener) _____**tengo**_____ muchos amigos. Nosotros (pasear) _____**paseamos**_____ en la plaza del pueblo. Mi amigo Juan (traer) _____**trae**_____ su guitarra y (cantar) _____**cantamos**_____ todos juntos. Otras veces, (ver) _____**vemos**_____ películas en casa de alguien. Nosotros (pasar) _____**pasamos**_____ mucho tiempo juntos.

Así es como mi vida (transcurrir) _____**transcurre**_____ en mi pueblo. Yo (amar) _____**amo**_____ a mi familia, mis amigos y mi trabajo. La verdadera felicidad (estar) _____**está**_____ en las pequeñas cosas, como una buena charla con amigos o una tarde tranquila en el campo.

Las respuestas
Futuro Simple

→ *regular verbs*

1. *Conjugate all these verbs by person.*

	hablar	escribir	bailar	comprar	ir
Yo	hablaré	escribiré	bailaré	compraré	iré
Tú	hablarás	escribirás	bailarás	comprarás	irás
Él, Ella	hablará	escribirá	bailará	comprará	irá
Nosotros	hablaremos	escribiremos	bailaremos	compraremos	iremos
Vosotros	hablaréis	escribiréis	bailaréis	comraréis	iréis
Ellos, Ellas	hablarán	escribirán	bailarán	comprarán	irán

	preparar	leer	responder	cocinar	recibir
Yo	prepararé	leeré	responderé	cocinaré	recibiré
Tú	prepararás	leerás	responderás	cocinarás	recibirás
Él, Ella	preparará	leerá	responderá	cocinará	recibirá
Nosotros	prepararemos	leeremos	responderemos	cocinarémos	recibiremos
Vosotros	prepararéis	leeréis	responderéis	cocinaréis	recibiréis
Ellos, Ellas	prepararán	leerán	responderán	cocinarán	recibirán

preguntar	viajar	mejorar	pedir	construir	volver
preguntaré	viajaré	mejoraré	pediré	construiré	volveré
preguntarás	viajarás	mejorarás	pedirás	construirás	volverás
preguntará	viajará	mejorará	pedirá	construirá	volverá
preguntaremos	viajaremos	mejoraremos	pediremos	construiremos	volveremos
preguntaréis	viajaréis	mejoraréis	pediréis	construiréis	volveréis
preguntaran	viajarán	mejorarán	pedirán	construirán	volverán

intentar	estudiar	dibujar	traducir	insistir	ver
intentaré	estudiaré	dibujaré	traduciré	insistiré	veré
intentarás	estudiarás	dibujarás	traducirás	insistirás	verás
intentará	estudiará	dibujará	traducirá	insistirá	verá
intentaremos	estudiaremos	dibujaremos	traduciremos	insistiremos	veremos
intentaréis	estudiaréis	dibujaréis	traduciréis	insistiréis	veréis
intentarán	estudiarán	dibujarán	traducirán	insistirán	verán

Las respuestas
Futuro Simple

➔ *regular verbs*

1. Conjugate all these verbs by person.

	estar	**dar**	**despertarse**	**conocer**	**pasar**
Yo	estaré	daré	me despertaré	conoceré	pasaré
Tú	estarás	darás	te despertarás	conocerás	pasarás
Él, Ella	estará	dará	se despertará	conocerá	pasará
Nosotros	estaremos	daremos	nos despertaremos	conoceremos	pasaremos
Vosotros	estaréis	daréis	os despertaréis	conoceréis	pasaréis
Ellos, Ellas	estarán	darán	se despertarán	conocerán	pasarán

	dormir	**acostarse**	**abrir**	**pensar**	**ser**
Yo	dormiré	me acostaré	abriré	pensaré	seré
Tú	dormirás	te acostarás	abrirás	pensarás	serás
Él, Ella	dormirá	se acostará	abrirá	pensará	será
Nosotros	dormiremos	nos acostaremos	abriremos	pensaremos	seremos
Vosotros	dormiréis	os acostaréis	abriréis	pensaréis	seréis
Ellos, Ellas	dormirán	se acostarán	abrirán	pensarán	serán

2. Conjugate all these verbs by person - BUT - **in this task the personal pronouns are mixed** (they go in a random order) be careful :)

	servir	**comer**	**repetir**	**desayunar**
Yo	serviré	comeré	repetiré	desayunaré
Nosotros	serviremos	comeremos	repetiremos	desayunaremos
Ellos, Ellas	servirán	comerán	repetirán	desayunarán
Él, Ella	servirá	comerá	repetirá	desayunará
Vosotros	serviréis	comeréis	repetiréis	desayunaréis
Tú	servirás	comerás	repetirás	desayunarás

	escoger	**cantar**	**estar**	**ser**
Nosotros	escogeremos	cantaremos	estaremos	seremos
Yo	escogeré	cantaré	estaré	seré
Vosotros	escogeréis	cantaréis	estaréis	seréis
Él, Ella	escogerá	cantará	estará	será
Tú	escogerás	cantarás	estarás	serás
Ellos, Ellas	escogerán	cantarán	estarán	serán

Las respuestas
Futuro Simple

→ *regular verbs*

*2. Conjugate all these verbs by person - BUT - **in this task the personal pronouns are mixed** (they go in a random order) be careful :)*

	dar	**regresar**	**escuchar**	**subir**
Yo	daré	regresaré	escucharé	subiré
Nosotros	daremos	regresaremos	escucharemos	subirémos
Ellos, Ellas	darán	regresarán	escucharán	subirán
Él, Ella	dará	regresará	escuchará	subirá
Vosotros	daréis	regresaréis	escucharéis	subiréis
Tú	darás	regresarás	escucharás	subirás

	cerrar	**repetir**	**visitar**	**vivir**
Nosotros	cerraremos	repetiremos	visitaremos	viviremos
Yo	cerraré	repetiré	visitaré	viviré
Vosotros	cerraréis	repetiréis	visitaréis	viviréis
Él, Ella	cerrará	repetirá	visitará	vivirá
Tú	cerrarás	repetirás	visitarás	vivirás
Ellos, Ellas	cerrarán	repetirán	visitarán	vivirán

*3. Fill in the **regular verbs** in the blanks in the indicated person.*

1) El próximo año __**viajaremos**__ a México. (viajar, nosotros)

2) No te preocupes, __**completaré**__ el proyecto antes de la fecha límite. (completar, yo)

3) Nosotros __**firmaremos**__ el contrato el próximo lunes. (firmar)

4) La semana que viene, __**terminaré**__ de leer ese libro tan interesante. (terminar, yo)

5) El domingo, mi mamá __**plantará**__ flores en el jardín. (plantar)

6) Isabela y Claudio __**organizarán**__ una fiesta sorpresa para María. (organizar)

Las respuestas
Futuro Simple

→ *regular verbs*

3. Fill in the **regular verbs** in the blanks in the indicated person.

7) El próximo lunes, Eugenia **comenzará** el nuevo curso de inglés.
(comenzar)

8) Mis padres **cuidarán** a los niños durante este viaje. (cuidar)

9) **Volveré** en 2 horas. (volver, yo)

10) ¿**Prepararéis** la cena? (preparar, vosotros)

11) ¿A qué hora **terminaréis**? (terminar, vosotros)

12) Ella **enseñará** yoga en el parque mañana. (enseñar, ella)

13) El sábado **compraremos** un regalo para el cumpleaños de tu hermana.
(comprar, nosotros)

14) Le **llamaré** mañana. (llamar, yo)

15) ¿Cuándo **abriréis** vuestros regalos? (abrir, vosotros)

16) La semana que viene, **cambiaré** el aceite en
mi coche. (cambiar, yo)

17) Lo **entenderá** después. (entender, él)

18) **Revisaré** el reporte mañana. (revisar, yo)

19) ¿Qué **comerán** hoy? (comer, ustedes)

20) Este fin de semana **descansaré** todo el día. (descansar, yo)

21) En 1 año **viviré** en mi casa privada. (vivir, yo)

22) Este vuelo **llegará** con un retraso. (llegar, él)

23) Esta noche **cenaremos** paella. (cenar, nosotros)

→ *irregular verbs*

4. Conjugate all these verbs by person.

	saber	caber	decir	salir	hacer
Yo	sabré	cabré	diré	saldré	haré
Tú	sabrás	cabrás	dirás	saldrás	harás
Él, Ella	sabrá	cabrá	dirá	saldrá	hará
Nosotros	sabremos	cabremos	diremos	saldremos	haremos
Vosotros	sabréis	cabréis	diréis	saldréis	haréis
Ellos, Ellas	sabrán	cabrán	dirán	saldrán	harán

Las respuestas
Futuro Simple

→ *irregular verbs*

4. Conjugate all these verbs by person.

	tener	poner	valer	poder	venir
Yo	tendré	pondré	valdré	podré	vendré
Tú	tendrás	pondrás	valdrás	podrás	vendrás
Él, Ella	tendrá	pondrá	valdrá	podrá	vendrá
Nosotros	tendremos	pondremos	valdremos	podremos	vendremos
Vosotros	tendréis	pondréis	valdréis	podréis	vendréis
Ellos, Ellas	tendrán	pondrán	valdrán	podrán	vendrán

querer	hacer	decir	saber	salir	tener
querré	haré	diré	sabré	saldré	tendré
querrás	harás	dirás	sabrás	saldrás	tendrás
querrá	hará	dirá	sabrá	saldrá	tendrá
querremos	haremos	diremos	sabremos	saldremos	tendremos
querréis	haréis	diréis	sabréis	saldréis	tendréis
querrán	harán	dirán	sabrán	saldrán	tendrán

5. Conjugate all these verbs by person - BUT - **in this task the personal pronouns are mixed** (they go in a random order) be careful :)

	poner	hacer	venir	poder
Yo	pondré	haré	vendré	podré
Nosotros	pondremos	haremos	vendremos	podremos
Ellos, Ellas	pondrán	harán	vendrán	podrán
Él, Ella	pondrá	hará	vendrá	podrá
Vosotros	pondréis	haréis	vendréis	podréis
Tú	pondrás	harás	vendrás	podrás

	querer	salir	decir	tener
Tú	querrás	saldrás	dirás	tendrás
Ellos, Ellas	querrán	saldrán	dirán	tendrán
Nosotros	querremos	saldremos	diremos	tendremos
Yo	querré	saldré	diré	tendré
Vosotros	querréis	saldréis	diréis	tendréis
Él, Ella	querrá	saldrá	dirá	tendrá

Las respuestas
Futuro Simple

→ *irregular verbs*

*6. Fill in the **irregular verbs** in the blanks in the indicated person.*

1) Mañana, antes de ir a la playa, **tendremos** que pasar por mi oficina.
(tener, nosotros)

2) ¿**Podrás** venir mañana a la fiesta? (poder, tú)

3) ¿**Saldrás** esta noche con Manuel? (salir, tú)

4) Le **diré** las noticias mañana. (decir, yo)

5) ¿**Cabrán** mis nuevas botas en la maleta?
(caber, ellas)

6) ¿Qué **haréis** esta noche? (hacer, vosotros)

7) ¡**Valdrá** la pena, **verás**! (valer - ella, ver - tú)

8) ¿Dónde **pondremos** esta caja? (poner, nosotros)

9) Me **dirán** los resultados mañana. (decir, ellos)

10) Nunca **sabremos** la verdad…. (saber, nosotros)

11) ¿Cómo puedo adivinar qué **querrás** hacer en 10 minutos? (querer, tú)

12) **Podré** pasar por el paquete en la tarde, ahora tengo una reunión.
(poder, yo)

13) ¡Wow, qué bolso tan bonito! ¿**Valdrá** mucho? (valer, él)

14) ¿Qué **harás** mañana? (hacer, tú)

15) Mis padres **vendrán** mañana a las 12. Hay que limpiar la casa antes. (venir, ellos)

16) Esta noche para la fiesta **me pondré** un vestido rojo muy bonito.
(ponerse, yo)

17) Cariño, este armario no **cabrá** en nuestra habitación. (caber, él)

18) Les **diremos** las noticias este fin de semana. (decir, nosotros)

19) Ya muy pronto **tendré** mi propia casa. (tener, yo)

20) Mañana **saldremos** de casa más temprano, para llegar a tiempo.
(salir, nosotros)

21) Estoy segura de que **podremos** terminar el proyecto antes del lunes.
(poder, nosotros)

22) ¿**Tendrás** tiempo este fin de semana para ayudarme con mi tarea?
(tener, tú)

23) Para el cumpleaños de Maricela **haremos** un pastel. (hacer, nosotros)

Las respuestas
Futuro Simple

*7. Now let's combine what we have covered. Fill in the **regular and irregular verbs** in the blanks in the indicated person.*

1) En junio ___viajaremos___ a Japón y ___comeremos___ mucho sushi. (viajar, comer - nosotros)

2) ¿___Aceptarás___ su propuesta? (aceptar, tú)

3) ___Sabré___ la respuesta solamente mañana. (saber, yo)

4) El sábado ___iremos___ a visitar a tus tíos. (ir, nosotros)

5) Te ___escribiré___ mañana. (escribir, yo)

6) Hoy no ___podré___ ir a la fiesta de Pablo, porque tengo mucho trabajo. (poder, yo)

7) Para la cena ___prepararé___ una pasta. (preparar, yo)

8) Mamá, ___regresaré___ tarde, acuéstate. (regresar, yo)

9) ___Dejaré___ las llaves del carro en la mesa. (dejar, yo)

10) Todos estos productos no ___cabrán___ en el frigorífico. (caber, ellos)

11) ___Vendré___ por el coche en la tarde. (venir, yo)

12) Le ___diremos___ nuestra idea más tarde. (decir, nosotros)

13) ___Recogeré___ el paquete el lunes. (recoger, yo)

14) ___Compraré___ un traje de baño en México, aquí ya no me da tiempo. (comprar, yo)

15) Hoy ___saldré___ del trabajo más temprano, así que ___podremos___ ir al cine. (salir - yo, poder - nosotros)

16) ¿Cómo ___celebrarás___ tu cumpleaños este año? (celebrar, tú)

17) En la noche ___cenaremos___ en el nuevo restaurante que abrieron la semana pasada. (cenar, nosotros)

18) Sofía y Marcos ___venderán___ su casa y ___comprarán___ una nueva. (vender, comprar - ellos)

19) En la tarde ___iré___ al súper. (ir, yo)

20) Mi hermana ___se mudará___ a los Estados Unidos. (mudarse, ella)

21) En México ___probaremos___ los verdaderos tacos. (probar, nosotros)

22) ¿Qué ___harán___ el domingo? (hacer, ustedes)

23) En el nuevo trabajo ___ganaré___ más dinero. (ganar, yo)

24) Creo que ___pediré___ una ensalada. (pedir, yo)

17

Las respuestas
Futuro Simple

*8. Fill in the **regular and irregular verbs** in the blanks in the indicated person in Futuro Simple.*

Yo pienso que en el año 2050 la tecnología (cambiar) **cambiará** nuestras vidas por completo.

(Aparecer) **Aparecerán** nuevas profesiones por el desarollo de la inteligencia artificial. Y muchas cosas que antes hacían las personas, ahora (hacer) **harán** los robots.

El acceso a la información de diferentes areas (ser) **será** más accecible y gracias a eso, los científicos por fin (encontrar) **encontrarán** las medicinas para curar el cáncer y otras enfermedades, y eso (ayudar) **ayudará** a muchas familias vivir una vida larga y feliz.

Gracias al desarroyo de la industria espacial, mucha gente (poder) **podrá** viajar al espacio y (tener) **tendrá** la oportunidad de ver la Tierra y visitar otros planetas.

Los coches (ser) **serán** 100% automatizados y (poder) **podrán** funcionar sin conductor.
También los ingenieros (crear) **crearán** tecnologías limpias y así (haber) **habrá** menos impacto negativo en la naturaleza.

La tierra y el aire (limpiarse) **se limpiarán** y nosotros (poder) **podremos** consumir productos más sanos y deliciosos.

Pero al mismo tiempo, el futuro (depender) **dependerá** de nuestra capacidad de utilizar la tecnología de manera sabia y responsable. Las máquinas no tienen sentimientos y solamente las personas pueden usar su poder para el mal o para el bien.

Con cada nuevo descubrimiento nosotros (acercarse) **nos acercaremos** más a un mundo lleno de posibilidades emocionantes.

Las respuestas
Ir a + infinitivo

➡ *regular verbs*

1. *Conjugate all these verbs by person.*

cenar
Yo — voy a cenar
Tú — vas a cenar
Él, Ella — va a cenar
Nosotros — vamos a cenar
Vosotros — vais a cenar
Ellos, Ellas — van a cenar

calentar
Yo — voy a calentar
Tú — vas a calentar
Él, Ella — va a calentar
Nosotros — vamos a calentar
Vosotros — vais a calentar
Ellos, Ellas — van a calentar

llamar
Yo — voy a llamar
Tú — vas a llamar
Él, Ella — va a llamar
Nosotros — vamos a llamar
Vosotros — vais a llamar
Ellos, Ellas — van a llamar

escribir
Yo — voy a escribir
Tú — vas a escribir
Él, Ella — va a escribir
Nosotros — vamos a escribir
Vosotros — vais a escribir
Ellos, Ellas — van a escribir

freír
Yo — voy a freír
Tú — vas a freír
Él, Ella — va a freír
Nosotros — vamos a freír
Vosotros — vais a freír
Ellos, Ellas — van a freír

dormir
Yo — voy a dormir
Tú — vas a dormir
Él, Ella — va a dormir
Nosotros — vamos a dormir
Vosotros — vais a dormir
Ellos, Ellas — van a dormir

comer
Yo — voy a comer
Tú — vas a comer
Él, Ella — va a comer
Nosotros — vamos a comer
Vosotros — vais a comer
Ellos, Ellas — van a comer

leer
Yo — voy a leer
Tú — vas a leer
Él, Ella — va a leer
Nosotros — vamos a leer
Vosotros — vais a leer
Ellos, Ellas — van a leer

vender
Yo — voy a vender
Tú — vas a vender
Él, Ella — va a vender
Nosotros — vamos a vender
Vosotros — vais a vender
Ellos, Ellas — van a vender

ir
Yo — voy a ir
Tú — vas a ir
Él, Ella — va a ir
Nosotros — vamos a ir
Vosotros — vais a ir
Ellos, Ellas — van a ir

acostarse
Yo — voy a acostarme
Tú — vas a acostarte
Él, Ella — va a acostarse
Nosotros — vamos a acostarnos
Vosotros — vais a acostaros
Ellos, Ellas — van a acostarse

vestirse
Yo — voy a vestirme
Tú — vas a vestirte
Él, Ella — va a vestirse
Nosotros — vamos a vestirnos
Vosotros — vais a vestiros
Ellos, Ellas — van a vestirse

Las respuestas
Ir a + infinitivo

→ *regular verbs*

2. Conjugate all these verbs by person - BUT - **in this task the personal pronouns are mixed** *(they go in a random order) be careful :)*

	nadar	**escuchar**	**preparar**
Él, Ella	va a nadar	va a escuchar	va a preparar
Yo	voy a nadar	voy a escuchar	voy a preparar
Tú	vas a nadar	vas a escuchar	vas a preparar
Nosotros	vamos a nadar	vamos a escuchar	vamos a preparar
Ellos, Ellas	van a nadar	van a escuchar	van a preparar
Vosotros	vais a nadar	vais a escuchar	vais a preparar

	hacer	**volver**	**mover**
Tú	vas a hacer	vas a volver	vas a mover
Ellos, Ellas	van a hacer	van a volver	van a mover
Nosotros	vamos a hacer	vamos a volver	vamos a mover
Yo	voy a hacer	voy a volver	voy a mover
Vosotros	vais a hacer	vais a volver	vais a mover
Él, Ella	va a hacer	va a volver	va a mover

	pedir	**venir**	**ir**
Yo	voy a pedir	voy a venir	voy a ir
Nosotros	vamos a pedir	vamos a venir	vamos a ir
Ellos, Ellas	van a pedir	van a venir	van a ir
Él, Ella	va a pedir	va a venir	va a ir
Vosotros	vais a pedir	vais a venir	vais a ir
Tú	vas a pedir	vas a venir	vas a ir

	decir	**saber**	**acostarse**
Nosotros	vamos a decir	vamos a saber	vamos a acostarnos
Yo	voy a decir	voy a saber	voy a acostarme
Vosotros	vais a decir	vais a saber	vais a acostaros
Él, Ella	va a decir	va a saber	va a acostarse
Tú	vas a decir	vas a saber	vas a acostarte
Ellos, Ellas	van a decir	van a saber	van a acostarse

Las respuestas

Ir a + infinitivo

→ *regular verbs*

3. Fill in the verbs in the blanks in the indicated person.

1) Este fin de semana _____**vamos a viajar**_____ a Londres.
(viajar, nosotros)

2) Elena mañana _____**va a visitar**_____ al médico. (visitar, ella)

3) El lunes mi compañía _____**va a firmar**_____ un contrato muy importante.
(firmar, ella)

4) Hoy _____**vamos a terminar**_____ más temprano. (terminar, nosotros)

5) El próximo mes mis amigos _____**van a mudarse**_____ a otra ciudad.
(mudarse, ellos)

6) Paola _____**va a cortarse**_____ el cabello.
(cortarse, ella)

7) Esta noche _____**voy a preparar**_____ un pastel de chocolate. (preparar, yo)

8) ¿_____**Vas a salir**_____ hoy? (salir, tú)

9) Mis padres _____**van a venir**_____ más tarde. (venir, ellos)

10) ¿_____**Vas a ir**_____ a la fiesta? (ir, tú)

11) Aquí _____**van a construir**_____ un edificio nuevo. (construir, ellos)

12) _____**Voy a vender**_____ este coche, porque quiero comprar uno nuevo.
(vender, yo)

13) ¿Ustedes qué _____**van a hacer**_____ esta noche? (hacer, ustedes)

14) _____**Voy a ir**_____ a la tienda. ¿Te compro algo? (ir, yo)

15) El viernes _____**vamos a ver**_____ un espectáculo.
(ver, nosotros)

16) El domingo _____**vamos a ir**_____ a la playa.
(ir, nosotros)

17) Este fin de semana _____**voy a hacer**_____ nada.
(hacer, yo)

18) Nosotros _____**vamos a comprar**_____ una casa. (comprar, nosotros)

19) Este año _____**voy a aprender**_____ a conducir. (aprender, yo)

20) _____**Voy a terminar**_____ este proyecto antes del lunes. (terminar, yo)

21) A partir del próximo mes _____**voy a empezar**_____ a comer saludablemente.
(empezar, yo)

Las respuestas
Pretérito Perfecto

→ *regular verbs*

1. *Conjugate all these verbs by person.*

comprar
Yo — he comprado
Tú — has comprado
Él, Ella — ha comprado
Nosotros — hemos comprado
Vosotros — habéis comprado
Ellos, Ellas — han comprado

viajar
he viajado
has viajado
ha viajado
hemos viajado
habéis viajado
han viajado

llamar
he llamado
has llamado
ha llamado
hemos llamado
habéis llamado
han llamado

vender
Yo — he vendido
Tú — has vendido
Él, Ella — ha vendido
Nosotros — hemos vendido
Vosotros — habéis vendido
Ellos, Ellas — han vendido

esconder
he escondido
has escondido
ha escondido
hemos escondido
habéis escondido
han escondido

conocer
he conocido
has conocido
ha conocido
hemos conocido
habéis conocido
han conocido

recibir
Yo — he recibido
Tú — has recibido
Él, Ella — ha recibido
Nosotros — hemos recibido
Vosotros — habéis recibido
Ellos, Ellas — han recibido

construir
he construido
has construido
ha construido
hemos construido
habéis construido
han construido

dormir
he dormido
has dormido
ha dormido
hemos dormido
habéis dormido
han dormido

ir
Yo — he ido
Tú — has ido
Él, Ella — ha ido
Nosotros — hemos ido
Vosotros — habéis ido
Ellos, Ellas — han ido

tener
he tenido
has tenido
ha tenido
hemos tenido
habéis tenido
han tenido

vestirse
me he vestido
te has vestido
se ha vestido
nos hemos vestido
os habéis vestido
se han vestido

Las respuestas
Pretérito Perfecto

→ *regular verbs*

*2. Conjugate all these verbs by person - BUT - **in this task the personal pronouns are mixed** (they go in a random order) be careful :)*

	recordar	**probar**	**encontrar**
Nosotros	hemos recordado	hemos probado	hemos encontrado
Yo	he recordado	he probado	he encontrado
Vosotros	habéis recordado	habéis probado	habéis encontrado
Él, Ella	ha recordado	ha probado	ha encontrado
Tú	has recordado	has probado	has encontrado
Ellos, Ellas	han recordado	han probado	han encontrado

	ser	**poder**	**encender**
Yo	he sido	he podido	he encendido
Nosotros	hemos sido	hemos podido	hemos encendido
Ellos, Ellas	han sido	han podido	han encendido
Él, Ella	ha sido	ha podido	ha encendido
Vosotros	habéis sido	habéis podido	habéis encendido
Tú	has sido	has podido	has encendido

	repetir	**elegir**	**salir**
Tú	has repetido	has elegido	has salido
Ellos, Ellas	han repetido	han elegido	han salido
Nosotros	hemos repetido	hemos elegido	hemos salido
Yo	he repetido	he elegido	he salido
Vosotros	habéis repetido	habéis elegido	habéis salido
Él, Ella	ha repetido	ha elegido	ha salido

	estar	**traer**	**despertarse**
Él, Ella	ha estado	ha traído	se ha despertado
Yo	he estado	he traído	me he despertado
Tú	has estado	has traído	te has despertado
Nosotros	hemos estado	hemos traído	nos hemos despertado
Ellos, Ellas	han estado	han traído	se han despertado
Vosotros	habéis estado	habéis traído	os habéis despertado

Las respuestas
Pretérito Perfecto

➡️ *regular verbs*

*3. Fill in the **regular verbs** in the blanks in the indicated person.*

1) Hoy por fin ___**he podido**___ despertarme temprano y ___**he ido**___ a correr. (poder, ir - yo)

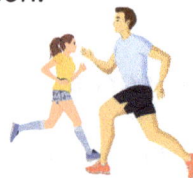

2) Este fin de semana ___**he descansado**___ súper bien. (descansar, yo)
3) Mi mamá nunca ___**ha estado**___ en México. (estar, ella)
4) ___**He leído**___ todos estos libros. (leer, yo)
5) Este año ___**hemos viajado**___ al extranjero 4 veces. (viajar, nosotros)

6) - ¿___**Has probado**___ alguna vez guacamole? (probar, tú)
- Sí, ¡me encanta!

7) ¿___**Has encontrado**___ ya un vestido para tu boda? (encontrar, tú)
8) Hoy ___**he tenido**___ un día muy ocupado, pero productivo. (tener, yo)
9) ¿___**Has terminado**___ ya tu proyecto? (terminar, tú)
10) Mi hermano ___**ha visitado**___ 24 países. (visitar, él)
11) ___**He entendido**___ que la familia es lo más importante. (entender, yo)
12) Chicos, ¿___**han finalizado**___ ya el reporte? (finalizar, ustedes)
13) ¿___**Has apagado**___ la luz? (apagar, tú)
14) ¿___**Has escuchado**___ esta nueva canción de Shakira? (escuchar, tú)

15) ___**He volado**___ 14 horas para llegar aquí. (volar, yo)

16) ¿___**Habéis llamado**___ a José? (llamar, vosotros)
17) ¿A qué hora ___**os habéis despertado**___? (despertarse, vosotros)
18) ¿___**Ha recibido**___ el paquete? (recibir, usted)
19) ¿___**Habéis cenado**___ ya? (cenar, vosotros)
20) Mi amiga nunca ___**ha bailado**___ salsa. (bailar, ella)
21) ¿Alguna vez ___**han comido**___ churros? (comer, ustedes)

Las respuestas
Pretérito Perfecto

➡ *irregular verbs*

4. Conjugate all these verbs by person.

	poner	**abrir**	**decir**
Yo	he puesto	he abierto	he dicho
Tú	has puesto	has abierto	has dicho
Él, Ella	ha puesto	ha abierto	ha dicho
Nosotros	hemos puesto	hemos abierto	hemos dicho
Vosotros	habéis puesto	habéis abierto	habéis dicho
Ellos, Ellas	han puesto	han abierto	han dicho

	escribir	**volver**	**hacer**
Yo	he escrito	he vuelto	he hecho
Tú	has escrito	has vuelto	has hecho
Él, Ella	ha escrito	ha vuelto	ha hecho
Nosotros	hemos escrito	hemos vuelto	hemos hecho
Vosotros	habéis escrito	habéis vuelto	habéis hecho
Ellos, Ellas	han escrito	han vuelto	han hecho

	ver	**freír**	**resolver**
Yo	he visto	he frito	he resuelto
Tú	has visto	has frito	has resuelto
Él, Ella	ha visto	ha frito	ha resuelto
Nosotros	hemos visto	hemos frito	hemos resuelto
Vosotros	habéis visto	habéis frito	habéis resuelto
Ellos, Ellas	han visto	han frito	han resuelto

	romper	**poner**	**morir**
Yo	he roto	he puesto	he muerto
Tú	has roto	has puesto	has muerto
Él, Ella	ha roto	ha puesto	ha muerto
Nosotros	hemos roto	hemos puesto	hemos muerto
Vosotros	habéis roto	habéis puesto	habéis muerto
Ellos, Ellas	han roto	han puesto	han muerto

Las respuestas
Pretérito Perfecto

→ *irregular verbs*

4. Conjugate all these verbs by person.

	cubrir	**decir**	**abrir**
Yo	he cubierto	he dicho	he abierto
Tú	has cubierto	has dicho	has abierto
Él, Ella	ha cubierto	ha dicho	ha abierto
Nosotros	hemos cubierto	hemos dicho	hemos abierto
Vosotros	habéis cubierto	habéis dicho	habéis abierto
Ellos, Ellas	han cubierto	han dicho	han abierto

	ver	**escribir**	**resolver**
Yo	he visto	he escrito	he resuelto
Tú	has visto	has escrito	has resuelto
Él, Ella	ha visto	ha escrito	ha resuelto
Nosotros	hemos visto	hemos escrito	hemos resuelto
Vosotros	habéis visto	habéis escrito	habéis resuelto
Ellos, Ellas	han visto	han escrito	han resuelto

	hacer	**romper**	**freír**
Yo	he hecho	he roto	he frito
Tú	has hecho	has roto	has frito
Él, Ella	ha hecho	ha roto	ha frito
Nosotros	hemos hecho	hemos roto	hemos frito
Vosotros	habéis hecho	habéis roto	habéis frito
Ellos, Ellas	han hecho	han roto	han frito

5. Conjugate all these verbs by person - BUT - **in this task the personal pronouns are mixed** (they go in a random order) be careful :)

	hacer	**ver**	**poner**
Yo	he hecho	he visto	he puesto
Él, Ella	ha hecho	ha visto	ha puesto
Vosotros	habéis hecho	habéis visto	habéis puesto
Nosotros	hemos hecho	hemos visto	hemos puesto
Tú	has hecho	has visto	has puesto
Ellos, Ellas	han hecho	han visto	han puesto

Las respuestas
Pretérito Perfecto

irregular verbs

5. Conjugate all these verbs by person - BUT - in this task the personal pronouns are mixed (they go in a random order) be careful :)

	romper	**decir**	**escribir**
Yo	he roto	he dicho	he escrito
Nosotros	hemos roto	hemos dicho	hemos escrito
Ellos, Ellas	han roto	han dicho	han escrito
Él, Ella	ha roto	ha dicho	ha escrito
Vosotros	habéis roto	habéis dicho	habéis escrito
Tú	has roto	has dicho	has escrito

	volver	**morir**	**resolver**
Él, Ella	ha vuelto	ha muerto	ha resuelto
Yo	he vuelto	he muerto	he resuelto
Tú	has vuelto	has muerto	has resuelto
Nosotros	hemos vuelto	hemos muerto	hemos resuelto
Ellos, Ellas	han vuelto	han muerto	han resuelto
Vosotros	habéis vuelto	habéis muerto	habéis resuelto

	cubrir	**abrir**	**freír**
Tú	has cubierto	has abierto	has frito
Ellos, Ellas	han cubierto	han abierto	han frito
Nosotros	hemos cubierto	hemos abierto	hemos frito
Yo	he cubierto	he abierto	he frito
Vosotros	habéis cubierto	habéis abierto	habéis frito
Él, Ella	ha cubierto	ha abierto	ha frito

6. Fill in the irregular verbs in the blanks in the indicated person.

1) ¿_____**Has visto**_____ la nueva película con Gal Gadot? (ver, tú)

Las respuestas
Pretérito Perfecto

→ *irregular verbs*

*6. Fill in the **irregular verbs** in the blanks in the indicated person.*

2) ¿Dónde _____**habéis puesto**_____ la sartén?. (poner, vosotros)

3) Mi hermano _____**ha abierto**_____ un restaurante. (abrir, él)

4) _____**He frito**_____ el pescado para la cena. (freír, yo)

5) Niños, ¿_____**habéis hecho**_____ la tarea? (hacer, vosotros)

6) ¿_____**Has dicho**_____ las noticias a Felipe? (decir, tú)

7) Mi amiga _____**ha escrito**_____ un libro muy interesante. (escribir, ella)

8) - ¿_____**Has cubierto**_____ la sopa? (cubrir, tú)

9) _____**He puesto**_____ las llaves en la mesa. (poner, yo)

10) ¿Quién _____**ha roto**_____ la taza? (romper, él)

11) ¿Fernanda ya _____**ha vuelto**_____ del viaje? (volver, ella)

12) ¿_____**Habéis visto**_____ mi celular/móvil? No lo puedo encontrar... (ver, vosotros)

13) Ellos ya _____**han resuelto**_____ este problema. (resolver, ellos)

14) Pablo y Mónica _____**han vuelto**_____ a casa muy tarde. (volver, ellos)

15) Ustedes _____**han hecho**_____ muy buen trabajo. (hacer, ustedes)

16) Los niños otra vez _____**han roto**_____ la caja con juguetes. (romper, ellos)

17) Este móvil / celular _____**ha muerto**_____ . Necesito uno nuevo. (morir, él)

18) ¿Qué le _____**han dicho**_____ a Manuel? (decir, ustedes)

19) Mmm.. ¡huele rico! ¿_____**Has frito**_____ patatas con ajo? (freír, tú)

20) No te preocupes, _____**he cubierto**_____ el coche / el carro con una funda. (cubrir, yo)

21) ¡Por fin _____**he resuelto**_____ este problema matemático! (resolver, yo)

22) _____**He visto**_____ tu bolso en el armario, busca allí. (ver, yo)

Las respuestas
Pretérito Perfecto

*7. Now let's combine what we have covered. Fill in the **regular and irregular verbs** in the blanks in the indicated person.*

1) _____**He comido**_____ en este restaurante muchas veces. (comer, yo)

2) Mi hermano Roberto _____**ha viajado**_____ a muchos países diferentes. (viajar, él)

3) Nosotros _____**hemos visto**_____ esa película antes. (ver, nosotros)

4) Mi abuela _____**ha cocinado**_____ una cena deliciosa. (cocinar, ella)

5) Isabela _____**ha roto**_____ su bicicleta. (romper, ella)

6) Camila ya _____**ha abierto**_____ todos sus regalos. (abrir, ella)

7) Mis amigos Juan y Marcos _____**han corrido**_____ un maratón. (correr, ellos)

8) Mi abuela _____**ha tejido**_____ una bufanda para mi. (tejer, ella)

9) ¿_____**Has terminado**_____ tu tarea? (terminar, tú)

10) ¿_____**Han abierto**_____ el paquete? (abrir, ustedes)

11) Esta semana no _____**he ido**_____ a la oficina. (ir, yo)

12) Uy, _____**has frito**_____ setas. ¡Qué rico! (freír, tú)

13) Esta mañana _____**he tomado**_____ mucho café, porque no _____**he dormido**_____ bien. (tomar, dormir - yo)

14) ¿_____**Habéis aprendido**_____ mucho en la escuela? (aprender, vosotros)

15) Este fin de semana mis padres _____**han celebrado**_____ su aniversario. (celebrar, ellos)

16) ¡Mira! Paco _____**ha construido**_____ un castillo de arena. (construir, él)

17) ¿A qué hora _____**habéis vuelto**_____? (volver, vosotros)

18) ¿Qué _____**has dicho**_____? (decir, tú)

19) ¿Dónde _____**has puesto**_____ el secador de pelo? (poner, tú)

20) ¿Para qué _____**has abierto**_____ la ventana? Hace frío. (abrir, tú)

21) ¿_____**Habéis leído**_____ este libro? (leer, vosotros)

22) Este año _____**hemos visitado**_____ 4 países nuevos. (visitar, nosotros)

29

Las respuestas
Pretérito Perfecto

*8. Fill in the **regular and irregular verbs** in the blanks in the indicated person in Pretérito Perfecto.*

Un Viaje Inolvidable

Mis amigos y yo (decidir) **hemos decidido** viajar a Argentina para conocer este hermoso país. Todos estábamos entusiasmados con la idea de explorar un lugar nuevo y ver su diversa naturaleza.

Yo (planear) **he planeado** toda la ruta, y (organizar) **he organizado** el viaje desde el principio. Manuel es fotógrafo profesional y (traer) **ha traído** su cámara para capturar cada momento especial. José tiene amigos en Argentina y (llevar) **ha llevado** muchos regalos para ellos.

Nuestra amiga Paola (decidir) **ha decidido** probar la comida local en cada restaurante que íbamos a encontrar en nuestro camino. Así que (comer) **hemos comido** muchos platillos deliciosos.
Nosotros (ir) **hemos ido** a museos y (conocer) **hemos conocido** la historia del lugar. Nosotros (disfrutar) **hemos disfrutado** mucho de las playas hermosas y (tomar) **hemos tomado** el sol durante horas. Y claro (visitar) **hemos visitado** los famosos glaciares.

Paco e Isabela (hacer) **han hecho** amigos con la gente del país y (practicar) **han practicado** el idioma con ellos. Mis amigos Mónica y Roberto (bailar) **han bailado** mucho en una fiesta en la playa. Todos (pasar) **hemos pasado** días emocionantes juntos.

Al final del viaje, nosotros (volver) **hemos vuelto** a casa con corazones llenos de recuerdos inolvidables. Este viaje (ser) **ha sido** una experiencia que nunca olvidaremos.

Las respuestas
Pretérito Indefinido

→ *regular verbs*

1. Conjugate all these verbs by person.

	comprar	viajar	visitar	comer	aprender
Yo	compré	viajé	visité	comí	aprendí
Tú	compraste	viajaste	visitaste	comiste	aprendiste
Él, Ella	compró	viajó	visitó	comió	aprendió
Nosotros	compramos	viajamos	visitamos	comimos	aprendimos
Vosotros	comprasteis	viajasteis	visitasteis	comisteis	aprendisteis
Ellos, Ellas	compraron	viajaron	visitaron	comieron	aprendieron

	conocer	escribir	decidir	abrir	pagar
Yo	conocí	escribí	decidí	abrí	pagué
Tú	conociste	escribiste	decidiste	abriste	pagaste
Él, Ella	conoció	escribió	decidió	abrió	pagó
Nosotros	conocimos	escribimos	decidimos	abrimos	pagamos
Vosotros	conocisteis	escribisteis	decidisteis	abristeis	pagasteis
Ellos, Ellas	conocieron	escribieron	decidieron	abrieron	pagaron

	responder	añadir
Yo	respondí	añadí
Tú	respondiste	añadiste
Él, Ella	respondió	añadió
Nosotros	respondimos	añadimos
Vosotros	respondisteis	añadisteis
Ellos, Ellas	respondieron	añadieron

2. Conjugate all these verbs by person - BUT - **in this task the personal pronouns are mixed** (they go in a random order) be careful :)

	recordar	trabajar	encontrar
Él, Ella	recordó	trabajó	encontró
Yo	recordé	trabajé	encontré
Tú	recordaste	trabajaste	encontraste
Nosotros	recordamos	trabajamos	encontramos
Ellos, Ellas	recordaron	trabajaron	encontraron
Vosotros	recordasteis	trabajasteis	encontrasteis

Las respuestas
Pretérito Indefinido

→ *regular verbs*

2. Conjugate all these verbs by person - BUT - **in this task the personal pronouns are mixed** (they go in a random order) be careful :)

	beber	**esconder**	**encender**
Nosotros	bebimos	escondimos	encendimos
Yo	bebí	escondí	encendí
Vosotros	bebisteis	escondisteis	encendisteis
Él, Ella	bebió	escondió	encendió
Tú	bebiste	escondiste	encendiste
Ellos, Ellas	bebieron	escondieron	encendieron

	salir	**compartir**	**consumir**
Tú	saliste	compartiste	consumiste
Ellos, Ellas	salieron	compartieron	consumieron
Nosotros	salimos	compartimos	consumimos
Yo	salí	compartí	consumí
Vosotros	salisteis	compartisteis	consumisteis
Él, Ella	salió	compartió	consumió

	comprar	**volver**	**vivir**
Yo	compré	volví	viví
Nosotros	compramos	volvimos	vivimos
Ellos, Ellas	compraron	volvieron	vivieron
Él, Ella	compró	volvió	vivió
Vosotros	comprasteis	volvisteis	vivisteis
Tú	compraste	volviste	viviste

3. Fill in the **regular verbs** in the blanks in the indicated person.

1) ¿__Hablaste__ con María ayer? (hablar, tú)
2) ¿Vosotros __cantasteis__ en el concierto? (cantar, vosotros)
3) Anoche __limpié__ mi habitación. (limpiar, yo)
4) ¿__Trabajaron__ ustedes la semana pasada? (trabajar, ustedes)
5) La semana pasada __compramos__ ropa nueva. (comprar, nosotros)
6) ¿__Cenasteis__ sushi? (cenar, vosotros)
7) ¿__Llegaron__ a tiempo? (llegar, ustedes)

32

Las respuestas
Pretérito Indefinido

→ *regular verbs*

3. Fill in the **regular verbs** in the blanks in the indicated person.

8) Anoche **caminé** por el parque. (caminar, yo)

9) Los niños **jugaron** al fútbol ayer. (jugar, ellos)

10) Mi esposo **cortó** el césped ayer. (cortar, él)

11) ¿**Bailaste** en la boda? (bailar, tú)

12) Fernando **tocó** la guitarra en el concierto. (tocar, él)

13) ¿**Nadaron** ustedes en el mar? (nadar, ustedes)

14) ¿**Hablasteis** con la directora? (hablar, vosotros)

15) Yo **compré** un libro ayer. (comprar, yo)

16) ¿**Jugaste** al tenis la semana pasada? (jugar, tú)

17) Mis amigos Sandra y Felipe **cocinaron** una pizza anoche. (cocinar, ellos)

18) Ayer **corrí** cinco kilómetros en la mañana. (correr, yo)

19) Anoche Pablo **ayudó** a su amiga con la mudanza. (ayudar, él)

20) La semana pasada **visitamos** a nuestros primos en la ciudad. (visitar, nosotros)

21) El año pasado mis niños **cantaron** en el coro de la iglesia. (cantar, ellos)

22) Paquito **escribió** una carta a Papá Noel. (escribir, él)

23) ¿**Visitaron** a los abuelos en la Navidad? (visitar, ustedes)

24) ¿**Cenasteis** la comida mexicana anoche? (cenar, vosotros)

→ *irregular verbs*

4. Conjugate all these verbs by person.

	querer	poder	traer	leer	ir
Yo	quise	pude	traje	leí	fui
Tú	quisiste	pudiste	trajiste	leíste	fuiste
Él, Ella	quiso	pudo	trajo	leyó	fue
Nosotros	quisimos	pudimos	trajimos	leímos	fuimos
Vosotros	quisisteis	pudisteis	trajisteis	leísteis	fuisteis
Ellos, Ellas	quisieron	pudieron	trajeron	leyeron	fueron

Las respuestas
Pretérito Indefinido

→ *irregular verbs*

4. Conjugate all these verbs by person.

	tener	traducir	saber	dar	hacer
Yo	tuve	traduje	supe	di	hice
Tú	tuviste	tradujiste	supiste	diste	hiciste
Él, Ella	tuvo	tradujo	supo	dio	hizo
Nosotros	tuvimos	tradujimos	supimos	dimos	hicimos
Vosotros	tuvisteis	tradujisteis	supisteis	disteis	hicisteis
Ellos, Ellas	tuvieron	tradujeron	supieron	dieron	hicieron

	llegar	ser	venir	decir	poner
Yo	llegué	fui	vine	dije	puse
Tú	llegaste	fuiste	viniste	dijiste	pusiste
Él, Ella	llegó	fue	vino	dijo	puso
Nosotros	llegamos	fuimos	vinimos	dijimos	pusimos
Vosotros	llegasteis	fuisteis	vinisteis	dijisteis	pusisteis
Ellos, Ellas	llegaron	fueron	vinieron	dijeron	pusieron

	buscar	dormir	estar	sentirse	oír
Yo	busqué	dormí	estuve	me sentí	oí
Tú	buscaste	dormiste	estuviste	te sentiste	oíste
Él, Ella	buscó	durmió	estuvo	se sintió	oyó
Nosotros	buscamos	dormimos	estuvimos	nos sentimos	oímos
Vosotros	buscasteis	dormisteis	estuvisteis	os sentisteis	oísteis
Ellos, Ellas	buscaron	durmieron	estuvieron	se sintieron	oyeron

	ir	haber	pagar	andar
Yo	fui	hube	pagué	anduve
Tú	fuiste	hubiste	pagaste	anduviste
Él, Ella	fue	hubo	pagó	anduvo
Nosotros	fuimos	hubimos	pagamos	anduvimos
Vosotros	fuisteis	hubisteis	pagasteis	anduvisteis
Ellos, Ellas	fueron	hubieron	pagaron	anduvieron

Las respuestas
Pretérito Indefinido

→ *irregular verbs*

5. Conjugate all these verbs by person - BUT - **in this task the personal pronouns are mixed** (they go in a random order) be careful :)

	ir	**querer**	**decir**
Tú	fuiste	quisiste	dijiste
Ellos, Ellas	fueron	quisieron	dijeron
Nosotros	fuimos	quisimos	dijimos
Yo	fui	quise	dije
Vosotros	fuisteis	quisisteis	dijisteis
Él, Ella	fue	quiso	dijo

	poder	**tener**	**dar**
Yo	pude	tuve	di
Nosotros	pudimos	tuvimos	dimos
Ellos, Ellas	pudieron	tuvieron	dieron
Él, Ella	pudo	tuvo	dio
Vosotros	pudisteis	tuvisteis	disteis
Tú	pudiste	tuviste	diste

	pedir	**hacer**	**traer**
Él, Ella	pidió	hizo	trajo
Yo	pedí	hice	traje
Tú	pediste	hiciste	trajiste
Nosotros	pedimos	hicimos	trajimos
Ellos, Ellas	pidieron	hicieron	trajeron
Vosotros	pedisteis	hicisteis	trajisteis

	estar	**ser**	**venir**
Nosotros	estuvimos	fuimos	vinimos
Yo	estuve	fui	vine
Vosotros	estuvisteis	fuisteis	vinisteis
Él, Ella	estuvo	fue	vino
Tú	estuviste	fuiste	viniste
Ellos, Ellas	estuvieron	fueron	vinieron

Las respuestas
Pretérito Indefinido

→ *irregular verbs*

*6. Fill in the **irregular verbs** in the blanks in the indicated person.*

1) Yo _____**fui**_____ a la fiesta el viernes pasado.
(ir, yo)

2) Anoche _____**hicimos**_____ una tarta deliciosa. (hacer, nosotros)

3) Ella lo _____**supo**_____ ya muy tarde. (saber, ella)

4) Mi mamá _____**trajo**_____ regalos para todos. (traer, ella)

5) Ayer no _____**pudimos**_____ nadar en el mar, porque el agua estaba muy fría.
(poder, nosotros)

6) Anoche Juan _____**vino**_____ con sus amigos. (venir, él)

7) ¿_____**Trajiste**_____ los documentos? (traer, tú)

8) ¿_____**Fuisteis**_____ al zoológico el domingo pasado? (ir, vosotros)

9) ¿Qué _____**dijeron**_____ en la reunión? (decir, ustedes)

10) Más tarde Eugenio y Mónica _____**vinieron**_____ a ayudarnos. (venir, ellos)

11) ¿_____**Tuviste**_____ un buen día ayer? (tener, tú)

12) Mi abuela no _____**quiso**_____ ir a la playa con nosotros. (querer, ella)

13) ¿_____**Tradujiste**_____ este libro tú sola? (traducir, tú)

14) Mi amiga _____**se sintió**_____ muy bien después del spa. (sentirse, ella)

15) Lucas _____**durmió**_____ súper bien toda la noche. (dormir, él)

16) Ayer _____**estuve**_____ todo el día con Maricela. (estar, yo)

17) Anoche mi mamá me _____**leyó**_____ un libro. (leer, ella) .

18) Mis padres _____**construyeron**_____ esta casa en 1986. (construir, ellos)

19) El viernes _____**fuimos**_____ al cine para ver la nueva película de Pablo Almodóvar. (ir, nosotros)

20) Creo que le _____**di**_____ un consejo muy bueno ayer. (dar, yo)

21) El abrigo no _____**cupo**_____ en la maleta. (caber, él)

22) Maite me _____**pidió**_____ comprarle un ferrocarril. (pedir, él)

Las respuestas
Pretérito Indefinido

*7. Now let's combine what we have covered. Fill in the **regular and irregular verbs** in the blanks in the indicated person.*

1) Bruno _____**estudió**_____ toda la noche para el examen. (estudiar, él)

2) Tú _____**saltaste**_____ muy alto en la competición. (saltar, tú)

3) ¿_____**Compraron**_____ regalos para la fiesta? (comprar, ustedes)

4) ¿A qué hora _____**viniste**_____ a casa ayer? (venir, tú)

5) ¿_____**Jugasteis**_____ al golf el domingo? (jugar, vosotros)

6) La semana pasada _____**limpié**_____ la casa completa. (limpiar, yo)

7) ¿_____**Hiciste**_____ la tarea para mañana? (hacer, tú)

8) ¿Qué _____**hicisteis**_____ en el Año Nuevo? (hacer, vosotros)

9) Tú _____**pintaste**_____ un cuadro hermoso la semana pasada. (pintar, tú)

10) Ellas _____**llegaron**_____ tarde a la reunión. (llegar, ellas)

11) En el concierto _____**hubo**_____ muchísima gente. (haber, ella)

12) ¿A dónde _____**fuisteis**_____ anoche? (ir, vosotros)

13) Ayer no _____**tuvimos**_____ tiempo para pasar por la pescadería. (tener, nosotros)

14) Sofía _____**ayudó**_____ a Gabriel con los deberes. (ayudar, ella)

15) El año pasado mi esposo y yo _____**fuimos**_____ a París. (ir, nosotros)

16) Hace 2 años _____**tuve**_____ una conferencia de trabajo en Japón. Me _____**encantó**_____ este país. (tener - yo, encantar)

17) En 2018 mi hermano _____**construyó**_____ un refugio para animales y _____**salvó**_____ a muchos. (construir, salvar - él)

18) ¿Cómo _____**pasasteis**_____ el verano pasado? (pasar, vosotros)

19) ¿Por qué no _____**quisiste**_____ ir con nosotros? (querer, tú)

20) _____**Trajimos**_____ regalos para Olivia. (traer, nosotros)

21) ¿Dónde _____**pusieron**_____ el cargador? (poner, ustedes)

Las respuestas
Pretérito Indefinido

*8. Fill in the **regular and irregular verbs** in the blanks in the indicated person in Pretérito Indefinido.*

El verano pasado, mi familia y yo (decidir) _____**decidimos**_____ hacer un viaje a la montaña. Mi hermano Miguel no (querer) _____**quiso**_____ ir con nosotros porque tenía mucho trabajo. Entonces (ir) _____**fuimos**_____ yo, mis padres y mis abuelos. Salimos de casa muy temprano y (conducir) _____**conducimos**_____ durante horas hasta llegar a un hermoso pueblo en las montañas.

Cuando (llegar)_____**llegamos**_____, nos (recibir) _____**recibieron**_____ los paisajes increíbles de este lugar. (Instalarse) _____**Nos instalamos**_____ en una cabaña acogedora que habíamos alquilado previamente. Desde allí, se veía una vista espectacular a las montañas.

En la tarde (caminar) _____**caminamos**_____ un poco por el bosque para refrescarnos después de un viaje largo. Durante la caminata, (ver) _____**vimos**_____ una cascada impresionante y (tomar) _____**tomamos**_____ fotos.

En la noche, (cenar) _____**cenamos**_____ todos juntos en un restaurante local y (probar) _____**probamos**_____ los platos tradicionales de la región. La comida (estar) _____**estuvo**_____ deliciosa.

Al día siguiente, yo (subir) _____**subí**_____ a la cima de una montaña cercana. La vista desde arriba (ser) _____**fue**_____ simplemente impresionante. Después, yo (bajar) _____**bajé**_____ y junto con mis padres y abuelos (visitar) _____**visitamos**_____ un pequeño museo en el pueblo para conocer su historia.

La última noche (pasar) _____**pasamos**_____ charlando al lado de nuestra cabaña y observando el cielo lleno de estrellas. (Ser) _____**Fue**_____ un viaje increíble que siempre recordaré con mucho cariño.

Las respuestas
Pretérito Imperfecto

→ *regular verbs*

1. Conjugate all these verbs by person.

	viajar	**bailar**	**pasear**	**beber**	**leer**
Yo	viajaba	bailaba	paseaba	bebía	leía
Tú	viajabas	bailabas	paseabas	bebías	leías
Él, Ella	viajaba	bailaba	paseaba	bebía	leía
Nosotros	viajábamos	bailábamos	paseábamos	bebíamos	leíamos
Vosotros	viajabais	bailabais	paseabais	bebíais	leíais
Ellos, Ellas	viajaban	bailaban	paseaban	bebían	leían

	tener	**dormir**	**escribir**	**decir**	**dibujar**
Yo	tenía	dormía	escribía	decía	dibujaba
Tú	tenías	dormías	escribías	decías	dibujabas
Él, Ella	tenía	dormía	escribía	decía	dibujaba
Nosotros	teníamos	dormíamos	escribíamos	decíamos	dibujábamos
Vosotros	teníais	dormíais	escribíais	decíais	dibujabais
Ellos, Ellas	tenían	dormían	escribían	decían	dibujaban

	hacer	**conducir**
Yo	hacía	conducía
Tú	hacías	conducías
Él, Ella	hacía	conducía
Nosotros	hacíamos	conducíamos
Vosotros	hacíais	conducíais
Ellos, Ellas	hacían	conducían

2. Conjugate all these verbs by person - BUT - **in this task the personal pronouns are mixed** (they go in a random order) be careful :)

	trabajar	**nadar**	**bajar**
Nosotros	trabajábamos	nadábamos	bajábamos
Yo	trabajaba	nadaba	bajaba
Vosotros	trabajabais	nadabais	bajabais
Él, Ella	trabajaba	nadaba	bajaba
Tú	trabajabas	nadabas	bajabas
Ellos, Ellas	trabajaban	nadaban	bajaban

Las respuestas
Pretérito Imperfecto

→ *regular verbs*

2. Conjugate all these verbs by person - BUT - **in this task the personal pronouns are mixed** (they go in a random order) be careful :)

	querer	**poner**	**saber**
Él, Ella	quería	ponía	sabía
Yo	quería	ponía	sabía
Tú	querías	ponías	sabías
Nosotros	queríamos	poníamos	sabíamos
Ellos, Ellas	querían	ponían	sabían
Vosotros	queríais	poníais	sabíais

	subir	**freír**	**elegir**
Yo	subía	freía	elegía
Nosotros	subíamos	freíamos	elegíamos
Ellos, Ellas	subían	freían	elegían
Él, Ella	subía	freía	elegía
Vosotros	subíais	freíais	elegíais
Tú	subías	freías	elegías

	estar	**traer**	**compartir**
Tú	estabas	traías	compartías
Ellos, Ellas	estaban	traían	compartían
Nosotros	estábamos	traíamos	compartíamos
Yo	estaba	traía	compartía
Vosotros	estabais	traíais	compartíais
Él, Ella	estaba	traía	compartía

3. Fill in the **regular verbs** in the blanks in the indicated person.

1) En la escuela yo _____**estudiaba**_____ todos los días. (estudiar, yo)

2) En la universidad mi hermano Carlos _____**leía**_____ muchos libros. (leer, él)

3) Cuando _____**vivías**_____ en el departamento, ¿_____**hablabas**_____ con tus vecinos? (vivir, hablar - tú)

4) ¿_____**Tocabas**_____ el piano en la escuela? (tocar, tú)

5) ¿Quién en tu familia _____**cocinaba**_____ los fines de semana? (cocinar, ella)

6) ¿_____**Escuchabais**_____ la música rock? (escuchar, vosotros)

Las respuestas
Pretérito Imperfecto

➡️ *regular verbs*

3. Fill in the **regular verbs** in the blanks in the indicated person.

7) Yo _____ **tocaba** _____ la guitarra en una banda.
(tocar, yo)

8) ¿_____ **Comíais** _____ mucha pizza en la uni? (comer, vosotros)

9) En la casa de mis abuelos en verano siempre _____ **nadábamos** _____ en la piscina.
(nadar, nosotros)

10) ¿_____ **Pintabas** _____ cuadros? (pintar, tú)

11) En México _____ **vivíamos** _____ en un departamento. (vivir, nosotros)

12) Mi hermana Lucía en la escuela _____ **cantaba** _____ en un coro. (cantar, ella)

13) Antes _____ **miraba** _____ muchas películas, ahora ya no tengo tanto tiempo.
(mirar, yo)

14) Cada domingo _____ **caminábamos** _____ por la
playa. (caminar, nosotros)

15) En mi infancia siempre _____ **desayunábamos** _____ omelette con verduras.
(desayunar, nosotros)

16) Siempre _____ **soñaba** _____ con ser una cantante. (soñar, yo)

17) Antes no me _____ **gustaba** _____ la cebolla, ahora la amo. (gustar, ella)

18) ¿_____ **Trabajabais** _____ en la granja de la familia? (trabajar, vosotros)

19) ¿Ustedes en la escuela _____ **viajaban** _____ a algunos países de excursión?
(viajar, ustedes)

20) Siempre _____ **pensaba** _____ que "bergamota" es una hierba, y en realidad
es una fruta. (pensar, yo)

➡️ *irregular verbs*

4. Conjugate all these verbs by person (closing the upper frame 😊).

	ir	ser	ver
Yo	iba	era	veía
Tú	ibas	eras	veías
Él, Ella	iba	era	veía
Nosotros	íbamos	éramos	veíamos
Vosotros	ibais	erais	veíais
Ellos, Ellas	iban	eran	veían

Las respuestas
Pretérito Imperfecto

→ *irregular verbs*

5. Conjugate all these verbs by person - BUT - **in this task the personal pronouns are mixed** (they go in a random order) be careful :)

ser		**ir**		**ver**	
Él, Ella	era	Tú	ibas	Yo	veía
Yo	era	Ellos, Ellas	iban	Nosotros	veíamos
Tú	eras	Nosotros	íbamos	Ellos, Ellas	veían
Nosotros	éramos	Yo	iba	Él, Ella	veía
Ellos, Ellas	eran	Vosotros	ibais	Vosotros	veíais
Vosotros	erais	Él, Ella	iba	Tú	veías

6. Fill in the **irregular verbs** in the blanks in the indicated person.

1) Cuando yo _____ **era** _____ pequeña, pasaba mucho tiempo en la casa de mis abuelos. (ser, yo)

2) Cada domingo _____ **veíamos** _____ una película nueva con toda la familia. (ver, nosotros)

3) Cuando estudiaba en la escuela, por las tardes _____ **iba** _____ a clases de baile. (ir, yo)

4) El departamento donde yo vivía antes _____ **era** _____ muy grande y con mucha luz natural. (ser, él)

5) Antes mi hijo Gaspar _____ **veía** _____ muchas series, ahora ya no tanto. (ver, él)

6) Cada verano mi familia y yo _____ **íbamos** _____ al mar. (ir, nosotros)

7. Now let's combine what we have covered. Fill in the **regular and irregular verbs** in the blanks in the indicated person.

1) Antes _____ **vivía** _____ en una casa muy grande, _____ **teníamos** _____ un garaje y allí _____ **nos reuníamos** _____ con mis amigos, _____ **tocábamos** _____ instrumentos musicales y _____ **cantábamos** _____. _____ **Éramos** _____ una banda musical. (vivir - yo; tener, reunirse, tocar, cantar, Ser - nosotros)

2) Mi mamá cuando _____ **era** _____ joven, _____ **tenía** _____ pelo rubio. (ser, tener - ella)

3) Los sábados mi abuela y yo _____ **íbamos** _____ al mercado y _____ **comprábamos** _____ frutas y verduras frescas. (ir, comprar - nosotros)

42

Las respuestas
Pretérito Imperfecto

*7. Now let's combine what we have covered. Fill in the **regular and irregular verbs** in the blanks in the indicated person.*

4) Mi hermana siempre ____**veía**____ muchos documentales,
le ____**encantaba**____. (ver, encantar - ella)
5) ¿____**Sabías**____ que la capital más grande del mundo es Tokio? (saber, tú)
6) Antes ____**tenía**____ más tiempo libre. (tener, yo)
7) Cuando ____**era**____ pequeña, ____**comía**____ mucha patata. (ser, comer - yo)

*8. Fill in the **regular and irregular verbs** in the blanks in the indicated person in Pretérito Imperfecto.*

Un día especial

Un día mis amigos y yo fuimos a pasear, (ser) ____**era**____
un día tranquilo, (hacer) ____**hacía**____ mucho sol y decidimos ir al río.
Cuando llegamos, allí (estar) ____**estaba**____ un perrito perdido. Él se acercó y
empezó a jugar conmigo. Yo siempre (soñar) ____**soñaba**____ con tener un perrito y
lo llevé a casa.

Primero mis padres no (estar) ____**estaban**____ muy contentos, pero después de
prometer que yo iba a cuidarlo, aceptaron dejarlo.

Yo (saber) ____**sabía**____ que (ser) ____**era**____ una gran responsabilidad, pero yo
(querer) ____**quería**____ tanto ayudar a este perrito y hacerlo feliz. Lo llamé Pancho y
se convirtió en mi mejor amigo para muchos años.

Cada día nosotros (pasear) ____**paseábamos**____ 3 veces - en la mañana, en la tarde
y en la noche. Yo le (dar) ____**daba**____ buena comida y por eso él siempre (sentirse)
____**se sentía**____ muy bien y (tener) ____**tenía**____ buena salud.

Él siempre me (esperar) ____**esperaba**____ de la escuela y (hacer)
____**hacía**____ tarea conmigo. Él (dormir) ____**dormía**____ conmigo en la
cama.

Cuando (salir) ____**salíamos**____ a pasear con mis amigos, él siempre (ir)
____**iba**____ con nosotros. Pancho (ser) ____**era**____ muy inteligente.

Él vivió muchos años, siempre (estar) ____**estaba**____ conmigo en las buenas y en
las malas. Siempre será muy especial para mi. Te amo Pancho.

43

Las respuestas
Pretérito Perfecto / Pretérito Indefinido

1. Fill in the verbs in the blanks in the indicated person in the appropriate tense -
***Pretérito Perfecto** or **Pretérito Indefinido**.*

1) **Anoche** ___**fuimos**___ a bailar a la plaza. (ir, nosotros)
2) **Hoy** ___**me he despertado**___ muy temprano. (despertarse, yo)
3) Mamá, ___**he comprado**___ bombones muy ricos, ¿quieres? (comprar, yo)
4) **El año pasado** mi hermano mayor ___**se graduó**___ de la universidad.
(graduarse, él)
5) **Anteayer** mi amiga Daniela ___**fue**___ de excursión a Málaga. Dice que le
___**gustó**___ mucho. (ir, gustar - ella)
6) **¿Alguna vez** ___**has nadado**___ en mar abierto? (nadar, tú)
7) Mi hermano Marcos ___**nació**___ **en 1987**. (nacer, él)
8) **¿Dónde** ___**estuviste**___ **el lunes**, por qué no ___**viniste**___ a la escuela?
(estar, venir - tú)
9) **Esta semana** mis padres ___**se han mudado**___ a una casa nueva.
(mudarse, ellos)
10) ¡Aaaaaaa, ___**he comprado**___ mi primer coche/carro! (comprar, yo)

2. Fill in the verbs in the blanks in the indicated person in the appropriate tense -
***Pretérito Perfecto** or **Pretérito Indefinido**.*

"Un Viaje a Loreto"

Capítulo 1: Preparativos

Hace unos meses, en un tranquilo pueblo llamado Loreto, un grupo de amigos
(decidir) ___**decidió**___ emprender un emocionante viaje que habían planeado
durante mucho tiempo. Los amigos (reunirse) ___**se han reunido / se reunieron**___ en la
casa de Juan, donde (preparar) ___**han preparado / prepararon**___ las mochilas con
suministros para su aventura.

Juan: [excitado] "¡Chicos, hoy es el gran día! Todos los preparativos (ser)
___**han sido**___ un éxito. Estoy ansioso por partir."

Marta: "Sí, ¡será una experiencia inolvidable!"

Las respuestas
Pretérito Perfecto / Pretérito Indefinido

2. Fill in the verbs in the blanks in the indicated person in the appropriate tense - ***Pretérito Perfecto** or **Pretérito Indefinido**.*

Capítulo 2: Comienzo del Viaje

La mañana siguiente, el sábado, (salir) _____**salió**_____ el sol brillante y el grupo (emprender) _____**emprendió**_____ su viaje hacia lo desconocido. Durante el camino, (atravesar) _____**atravesaron**_____ montañas escarpadas y (caminar) _____**caminaron**_____ por extensos bosques. La belleza de la naturaleza los (dejar) _____**dejó**_____ sin palabras.

Carlos: [asombrado] "¡Miren esa vista! No puedo creer lo hermoso que es este lugar."

Ana: "Definitivamente vale la pena todo el esfuerzo que (invertir) _____**hemos invertido**_____ en planear este viaje."

Capítulo 3: Descubrimientos

A medida que avanzaban, (encontrar) _____**encontraron**_____ ríos cristalinos y (nadar) _____**nadaron**_____ en aguas frescas y transparentes. En la tarde, (llegar) _____**llegaron**_____ a otro pueblo pequeño y (explorar) _____**exploraron**_____ las calles adoquinadas llenas de historia.

En su camino, (descubrir) _____**descubrieron**_____ antiguos tesoros escondidos y misterios sin resolver.

Pedro: [entusiasmado] "¡Miren este río! ¿ (Ver) **Han / habéis visto** alguna vez algo parecido? No puedo resistir la tentación de nadar."

Marta: "¡Es increíble!"

Capítulo 4: Noche de Fogata

En la noche, (acampar) _____**acamparon**_____ bajo un manto de estrellas y (compartir) _____**compartieron**_____ historias alrededor de la fogata. Marta (contar) _____**contó**_____ cuentos de terror que los (asustar) _____**asustaron**_____ a todos. Aun así, la camaradería del grupo (unirse) _____**se unió**_____ más que nunca.

45

Las respuestas
Pretérito Perfecto / Pretérito Indefinido

*2. Fill in the verbs in the blanks in the indicated person in the appropriate tense - **Pretérito Perfecto or Pretérito Indefinido**.*

Juan: [riendo] "¡Marta, siempre logras asustarnos! ¿Tienes otro cuento espeluznante?"

Marta: "¡Claro que sí! Esta vez les contaré sobre el fantasma de la montaña."

Capítulo 5: Regreso a Casa

Después de semanas de exploración, el grupo finalmente (regresar) ____**ha regresado**____ a su pueblo natal. (Compartir) ____**Han compartido**____ recuerdos inolvidables de su viaje y (prometer) ____**han prometido**____ hacerlo nuevamente en el futuro.

Carlos: [nostálgico] "Este viaje (ser) ____**ha sido**____ una experiencia que nunca olvidaré. Gracias a todos por acompañarme."

Ana: "¡Definitivamente, Carlos! ¡Espero con ansias el próximo viaje!"

Así (concluir) ____**ha concluido**____ este viaje inolvidable, lleno de aventuras, diálogos y momentos especiales que (marcar) ____**ha marcado**____ sus vidas para siempre. Loreto siempre será el lugar donde (comenzar) ____**comenzó**____ su historia de amistad y exploración.

Video explanation why this is so -
or click on this **link**

Las respuestas
Pretérito Indefinido / Pretérito Imperfecto

1. Fill in the verbs in the blanks in the indicated person in the appropriate tense -
***Pretérito Indefinido** or **Pretérito Imperfecto**.*

1) _____**Fuimos**_____ a Roma **en agosto**. (ir, nosotros)
2) Mi tía _____**se casó**_____ **5 veces**. (casarse, ella)
3) Mi abuelo _____**fumaba**_____ puros. (fumar, él)
4) Mi abuelo _____**fumó**_____ puros **toda su vida**. (fumar, él)
5) En la escuela yo _____**cantaba**_____ en un coro. (cantar, yo)
6) Mi tía Isabela _____**cantó**_____ en un coro **15 años**. (cantar, ella)
7) _____**Me gradué**_____ de la universidad **en 2017**. (graduarse, yo)
8) Mi hermana y yo _____**estuvimos**_____ **tres veces** en Alemania. (estar, nosotras)
9) No _____**llegamos**_____ a tiempo, **porque** _____**había**_____ mucho tráfico.
(llegar - nosotros, haber - él)
10) En mi universidad _____**estudiaban**_____ muchos extranjeros. (estudiar, ellos)
11) **Siempre** que _____**íbamos**_____ a casa de los abuelos, nos _____**daban**_____
dulces caseros. (ir - nosotros, dar - ellos)
12) **La última vez** que _____**fuimos**_____ a casa de los abuelos, nos
_____**dieron**_____ dulces caseros muy ricos. (ir - nosotros, dar - ellos)
13) En mi familia _____**teníamos**_____ una tradición, **cada sábado** _____**íbamos**_____ a
algún restaurante a cenar todos juntos. (tener, ir - nosotros)
14) Mi papá _____**trabajó**_____ en esta fábrica **muchos años**. (trabajar, él)
15) **Los domingos** mis amigos y yo _____**íbamos**_____ al cine y _____**veíamos**_____
una película nueva. (ir, ver - nosotros)
16) _____**Escuché**_____ esta canción **miles de veces**. (escuchar, yo)
17) **En septiembre** _____**ayudé**_____ a mi hermana con su proyecto.
(ayudar, yo)
18) No te _____**compré**_____ el libro, **porque** la librería _____**estaba**_____ cerrada.
(comprar - yo, estar - ella)

2. Fill in the verbs in the blanks in the indicated person in the appropriate tense -
***Pretérito Indefinido** or **Pretérito Imperfecto**.*

"El Secreto de la Hacienda San Gabriel"

Capítulo 1: La excursión

Un día dos amigas Carla y Maribel (decidir) _____**decidieron**_____ viajar con sus
hijos a Guanajuato, México para visitar una antigua hacienda de San Gabriel.

Las respuestas

Pretérito Indefinido / Pretérito Imperfecto

(Entrar) **Entraron** al territorio y (ver) **vieron** un magnífico jardín lleno de palmeras, árboles, flores y estatuas. Cuando (acercarse) **se acercaron/se acercaban** a la alberca, (ver) **vieron** a su guía Laura. Y de allí (empezar) **empezaron** la excursión.

Laura les (contar) **contaba/contó** que a finales del siglo XVII el capitán Gabriel de la Barrera había fundado la dinastía de la familia Barrera y una serie de haciendas. Mientras (observar) **observaban** lo bello del complejo, les (llegar) **llegaba** el olor a las flores de lavanda y (escuchar) **escuchaban** a las aves felices.

(Acercarse) **Se acercaron** a la "Casa grande" donde los dueños (vivir) **vivían** como reyes mientras sus sirvientes (hacer) **hacían** el trabajo duro. Dentro de la casa (visitar) **visitaron** diferentes habitaciones decoradas con muebles originales del siglo XVII. Allí (estar) **estaban** enormes roperos y pequeñas camas con sábanas y cobijas de seda. Después (pasar) **pasaron** a un salón de plática en donde (separarse) **se separaban** hombres y mujeres para charlar o escuchar música de clavicordio.

Las mamás (disfrutar) **disfrutaban** mucho la visita. Pero los niños (aburrirse) **se aburrieron** y (empezar) **empezaron** a jugar.

Capítulo 2: La puerta secreta

Mientras Carla y Maribel (escuchar) **escuchaban** atentamente la historia de la hacienda, sus hijos Juan y Felipe (salir) **salieron** al otro cuarto y (empezar) **empezaron** a jugar y reír.
Accidentalmente Juan (empujar) **empujó** a Felipe, y Felipe (tocar) **tocó** la pared. De repente una parte de la pared (empezar) **empezó** a moverse.

(Ser) **Era** una puerta secreta... Los niños primero (asustarse) **se asustaron**, pero después, llenos de curiosidad, (decidir) **decidieron** entrar y ver a dónde llevaba esta puerta.
Cuando (mirar) **miraron** hacia dentro, (ver) **vieron** un túnel oscuro. Juan (tener) **tenía** una linterna. Él la (prender) **prendió** y los niños (comenzar) **comenzaron** la aventura.

Las respuestas
Pretérito Indefinido / Pretérito Imperfecto

Capítulo 3: El descubrimiento

Al final del túnel (haber) _____**había**_____ un cuarto subterráneo. La luz (entrar) _____**entraba**_____ por un pequeño hueco en las piedras. En este cuarto (haber) _____**había**_____ muchas cosas antiguas y polvorientas.

Los niños (empezar) _____**empezaron**_____ a explorar todo y (ver) _____**vieron**_____ una caja de madera muy bonita. La llave ya (estar) _____**estaba**_____ en esa caja.
Felipe la (abrir) _____**abrió**_____ y (ver) _____**vio**_____ un collar hermoso lleno de brillantes y granadas.

Capítulo 4: El tesoro de la hacienda

Los niños (emocionarse) _____**se emocionaron**_____ y (correr) _____**corrieron**_____ de vuelta a la hacienda para contar todo a sus mamás.
   - ¡Mamá, tienes que ver esto, vamos! [gritaban los niños]

Carla, Maribel y la guía Laura los (seguir) _____**siguieron**_____ y (ver) _____**vieron**_____ el cuarto secreto.
Laura (estar) _____**estaba**_____ sorprendida, no lo (poder) _____**podía**_____ creer.

   - Yo he leído mucho sobre una parte de la hacienda escondida. Pero hasta el día de hoy nadie podía encontrarla. Y este collar (pertenecer) _____**pertenecía**_____ a la esposa del capitán Gabriel y tiene 400 años... Es un verdadero tesoro.

Video explanation why this is so -
or click on the **link**

Las respuestas
Imperativo afirmativo

→ *regular verbs*

1. *Conjugate all these verbs by person.*

	comprar	nadar	visitar	beber	prometer
Tú	compra	nada	visita	bebe	promete
Usted	compre	nade	visite	beba	prometa
Nosotros	compremos	nademos	visitemos	bebamos	prometamos
Vosotros	comprad	nadad	visitad	bebed	prometed
Ustedes	compren	naden	visiten	beban	prometan

	vender	escribir	recibir	abrir	escuchar
Tú	vende	escribe	recibe	abre	escucha
Usted	venda	escriba	reciba	abra	escuche
Nosotros	vendamos	escribamos	recibamos	abramos	escuchemos
Vosotros	vended	escribid	recibid	abrid	escuchad
Ustedes	vendan	escriban	reciban	abran	escuchen

	responder	añadir	subir	practicar	correr	lavar
	esponde	añade	sube	practica	corre	lava
	esponda	añada	suba	practique	corra	lave
	espondamos	añadamos	subamos	practiquemos	corramos	lavemos
	esponded	añadid	subid	practicad	corred	lavad
	espondan	añadan	suban	practiquen	corran	laven

	dejar	ayudar	hablar	entrar	rellenar	meter
	deja	ayuda	habla	entra	rellena	mete
	deje	ayude	hable	entre	rellene	meta
	dejemos	ayudemos	hablemos	entremos	rellenemos	metamos
	dejad	ayudad	hablad	entrad	rellenad	meted
	dejen	ayuden	hablen	entren	rellenen	metan

Las respuestas
Imperativo afirmativo

➡️ *regular verbs*

1. Conjugate all these verbs by person.

comer	leer	aprender	barrer	compartir	asistir
come	lee	aprende	barre	comparte	asiste
coma	lea	aprenda	barra	comparta	asista
comamos	leamos	aprendamos	barramos	compartamos	asistamos
comed	leed	aprended	barred	compartid	asistid
coman	lean	aprendan	barran	compartan	asistan

describir	decidir
describe	decide
describa	decida
describamos	decidamos
describid	decidid
describan	decidan

2. Conjugate all these verbs by person - BUT - **in this task the personal pronouns are mixed** (they go in a random order) be careful :)

	comprar	trabajar	ayudar
Tú	compra	trabaja	ayuda
Ustedes	compren	trabajen	ayuden
Nosotros	compremos	trabajemos	ayudemos
Vosotros	comprad	trabajad	ayudad
Usted	compre	trabaje	ayude

	beber	esconder	leer
Nosotros	bebamos	escondamos	leamos
Vosotros	bebed	esconded	leed
Usted	beba	esconda	lea
Tú	bebe	esconde	lee
Ustedes	beban	escondan	lean

Las respuestas
Imperativo afirmativo

→ *regular verbs*

2. Conjugate all these verbs by person - BUT - **in this task the personal pronouns are mixed** (they go in a random order) be careful :)

	escribir	**abrir**	**subir**
Usted	escriba	abra	suba
Tú	escribe	abre	sube
Nosotros	escribamos	abramos	subamos
Ustedes	escriban	abran	suban
Vosotros	escribid	abrid	subid

	bailar	**comer**	**vivir**
Nosotros	bailemos	comamos	vivamos
Ustedes	bailen	coman	vivan
Usted	baile	coma	viva
Vosotros	bailad	comed	vivid
Tú	baila	come	vive

3. Fill in the **regular verbs** in the blanks in the indicated person.

1) __**Abre**__ la puerta, por favor. (abrir, tú)
2) __**Páseme**__ el pan, por favor. (pasarme, usted)
3) __**Escribe**__ una lista de compras. (escribir, tú)
4) __**Limpiad**__ la mesa después de la cena. (limpiar, vosotros)
5) __**Miren**__ esa película, es muy buena. (mirar, ustedes)
6) __**Tomad**__ un paraguas por si acaso. (tomar, vosotros)
7) __**Bebe**__ agua durante el día. (beber, tú)

8) __**Prepárame**__ una taza de chocolate caliente por favor. (prepararme, tú)

9) __**Ayuda**__ a tu abuela con las compras. (ayudar, tú)
10) __**Llama**__ a tu madre para decirle que estás bien. (llamar, tú)
11) __**Relaja**__ tu mente y __**disfruta**__ el momento.
(relajar, disfrutar - tú)
12) __**Laven**__ sus manos antes de comer. (lavar, ustedes)

Las respuestas
Imperativo afirmativo

→ *regular verbs*

3. Fill in the **regular verbs** in the blanks in the indicated person.

13) **Escuchad** a vuestros padres, siempre tienen buenos consejos. (escuchar, vosotros)

14) **Avisa** a tu hermano que la cena ya está lista. (avisar, tú)

15) **Presten** atención en clase para aprender más. (prestar, ustedes)

16) **Lea** un libro interesante antes de dormir. (leer, usted)

17) **Compra** flores para tu abuela, le encantarán. (comprar, tú)

18) **Comparta** sus pensamientos con sus seres queridos. (compartir, usted)

19) **Come** tus vegetales, son buenos para tu salud. (comer, tú)

20) ¡**Viajemos** juntos! (viajar, nosotros)

21) **Silencien** sus teléfonos en el teatro. (silenciar, ustedes)

22) **Pasa** tiempo de calidad con tu familia. (pasar, tú)

23) **Regresemos** a casa, ya es tarde. (regresar, nosotros)

24) **Cenemos** en un restaurante tailandés. (cenar, nosotros)

25) **Monta** en bicicleta en el parque. (montar, tú)

26) **Cepilla** tus dientes antes de acostarte. (cepillar, tú)

→ *irregular verbs*

4. Conjugate all these verbs by person.

	estar	cerrar	jugar	hacer	entender
Tú	está	cierra	juega	haz	entiende
Usted	esté	cierre	juegue	haga	entienda
Nosotros	estemos	cerremos	juguemos	hagamos	entendamos
Vosotros	estad	cerrad	jugad	haced	entended
Ustedes	estén	cierren	jueguen	hagan	entiendan

Las respuestas
Imperativo afirmativo

irregular verbs

4. Conjugate all these verbs by person.

	volver	decir	pedir	ir	salir
Tú	vuelve	di	pide	ve	sal
Usted	vuelva	diga	pida	vaya	salga
Nosotros	volvamos	digamos	pidamos	vamos	salgamos
Vosotros	volved	decid	pedid	id	salid
Ustedes	vuelvan	digan	pidan	vayan	salgan

repetir	empezar	poner	traducir	ver	tener
repite	empieza	pon	traduce	ve	ten
repita	empiece	ponga	traduzca	vea	tenga
repitamos	empecemos	pongamos	traduzcamos	veamos	tengamos
repetid	empezad	poned	traducid	ved	tened
repitan	empiecen	pongan	traduzcan	vean	tengan

freír	dar	venir	recordar	seguir	sentir
fríe	da	ven	recuerda	sigue	siente
fría	dé	venga	recuerde	siga	sienta
friamos	demos	vengamos	recordemos	sigamos	sintamos
freíd	dad	venid	recordad	seguid	sentid
frían	den	vengan	recuerden	sigan	sientan

sonreír	tener	calentar	oír	construir	ir
sonríe	ten	calienta	oye	construye	ve
sonría	tenga	caliente	oiga	construya	vaya
sonriamos	tengamos	calentemos	oigamos	construyamos	vamos
sonreíd	tened	calentad	oíd	construid	id
sonrían	tengan	calienten	oigan	construyan	vayan

	mostrar	dormir
Tú	muestra	duerme
Usted	muestre	duerma
Nosotros	mostremos	durmamos
Vosotros	mostrad	dormid
Ustedes	muestren	duerman

Las respuestas
Imperativo afirmativo

→ *irregular verbs*

5. Conjugate all these verbs by person - BUT - **in this task the personal pronouns are mixed** (they go in a random order) be careful :)

	tener	**repetir**	**cerrar**
Tú	ten	repite	cierra
Ustedes	tengan	repitan	cierren
Nosotros	tengamos	repitamos	cerremos
Vosotros	tened	repetid	cerrad
Usted	tenga	repita	cierre

	ir	**construir**	**hacer**
Nosotros	vamos	construyamos	hagamos
Vosotros	id	construid	haced
Usted	vaya	construya	haga
Tú.	ve	construye	haz
Ustedes	vayan	construyan	hagan

	poner	**jugar**	**pensar**
Usted	ponga	juegue	piense
Tú	pon	juega	piensa
Nosotros	pongamos	juguemos	pensemos
Ustedes	pongan	jueguen	piensen
Vosotros	poned	jugad	pensad

	dar	**volver**	**salir**
Nosotros	demos	volvamos	salgamos
Ustedes	den	vuelvan	salgan
Usted	dé	vuelva	salga
Vosotros	dad	volved	salid
Tú	da	vuelve	sal

Las respuestas
Imperativo afirmativo

*6. Now conjugate the **regular and irregular reflexive verbs** by person.*

	moverse	**vestirse**	**sentarse**
Tú	muévete	vístete	siéntate
Usted	muévase	vístase	siéntese
Nosotros	movámonos	vistámonos	sentémonos
Vosotros	moveos	vestíos	sentaos
Ustedes	muévanse	vístanse	siéntense

	dormirse	**acostarse**	**despertarse**
Tú	duérmete	acuéstate	despiértate
Usted	duérmase	acuéstese	despiértese
Nosotros	durmámonos	acostémonos	despertémonos
Vosotros	dormíos	acostaos	despertaos
Ustedes	duérmanse	acuéstense	despiértense

	levantarse	**lavarse**	**peinarse**
Tú	levántate	lávate	péinate
Usted	levántese	lávese	péinese
Nosotros	levantémonos	lavémonos	peinémonos
Vosotros	levantaos	lavaos	peinaos
Ustedes	levántense	lávense	péinense

	ducharse	**relajarse**	**secarse**
Tú	dúchate	relájate	sécate
Usted	dúchese	relájese	séquese
Nosotros	duchémonos	relajémonos	sequémonos
Vosotros	duchaos	relajaos	secaos
Ustedes	dúchense	relájense	séquense

	maquillarse	**cepillarse**	**ponerse**
Tú	maquíllate	cepíllate	ponte
Usted	maquíllese	cepíllese	póngase
Nosotros	maquillémonos	cepillémonos	pongámonos
Vosotros	maquillaos	cepillaos	poneos
Ustedes	maquíllense	cepíllense	pónganse

Las respuestas
Imperativo afirmativo

→ *irregular verbs*

7. Fill in the **irregular verbs** in the blanks in the indicated person.

1) **Haz** la cama antes de salir. (hacer, tú)
2) **Sal** a caminar para ejercitarte. (salir, tú)
3) **Ven** a la fiesta esta noche. (venir, tú)
4) **Dile** gracias a tu hermano por su ayuda. (decirle, tú)
5) **Venga** conmigo al parque el sábado. (venir, usted)
6) **Prueba** este platillo, está delicioso. (probar, tú)
7) **Cierra** la puerta al salir, por favor. (cerrar, tú)

8) **Ponte** algo más clásico.
(ponerse, tú)

9) **Tráigame** una botella de agua, por favor. (traerme, usted)
10) **Comienza** tu tarea ahora para terminarla más rápido. (comenzar, tú)
11) **Empieza** a estudiar con tiempo para el examen. (empezar, tú)
12) **Sé** amable con tu hermano. (ser, tú)
13) **Hagan** su tarea antes de salir a jugar. (hacer, ustedes)
14) **Ten** paciencia, todo mejorará. (tener, tú)
15) **Sé** honesto contigo mismo. (ser, tú)
16) **Vuelvan** pronto. (volver, ustedes)

17) **Calienta** la sopa por favor.
(calentar, tú)

18) **Decidme** la verdad. (decirme, vosotros)
19) **Pidamos** algo de comer. (pedir, nosotros)
20) **Vámonos** de aquí. (irse, nosotros)
21) **Cerrad** la ventana por favor. (cerrar, vosotros)
22) **Vístanse**, ya tenemos que salir. (vestirse, ustedes)
23) Niños, **jugad** afuera por favor. (jugar, vosotros)
24) **Ve** al parque y **juega** con tus amigos. (ir, jugar - tú)
25) **Duérmete** ya. (dormirse, tú)
26) **Acuéstense**, ya es tarde. (acostarse, ustedes)
27) **Piensa** antes de decir algo. (pensar, tú)
28) **Sígame** por favor. (seguirme, usted)
29) **Sonríe** más. (sonreír, tú)

Las respuestas
Imperativo afirmativo

*8. Now let's combine what we have covered. Fill in the **regular and irregular verbs** in the blanks in the indicated person.*

1) _____**Siéntate**_____ y _____**relájate**_____ un momento.
(sentarse, relajarse - tú)
2) _____**Ve**_____ al supermercado y _____**compra**_____ leche. (ir, comprar - tú)
3) ___**Disfruta**___ de tu día libre y _____**relájate**_____. (disfrutar, ralajarse - tú)
4) _**Aprovecha**_ el día al máximo y _____**sonríe**_____. (aprovechar, sonreír - tú)
5) _____**Préstame**_____ tu bicicleta por un rato. (prestarme, tú)
6) _____**Escucha**_____ a tu corazón y ___**sigue**___ tus sueños. (escuchar, seguir - tú)
7) _____**Cierra**_____ la ventana por favor, ya tengo frío. (cerrar, tú)

8) _____**Hable**_____ más despacio, por favor.
(hablar, usted)

9) _____**Venid**_____ aquí y _____**ayudadme**_____ con esto. (venir, ayudarme - vosotros)
10) _____**Vaya**_____ a la cocina y _____**traiga**_____ los platos por favor. (ir, traer - usted)
11) _____**Comamos**_____ juntos en el comedor. (comer, nosotros)
12) ___**Sé**___ valiente y _____**enfrenta**_____ tus miedos. (ser, enfrentar - tú)
13) _____**Lavemos**_____ los platos juntos para terminar rápido. (lavar, nosotros)
14) _____**Sed**_____ amables con vuestros compañeros. (ser, vosotros)
15) _____**Organicemos**_____ un picnic en el campo. (organizar, nosotros)
16) _____**Abrid**_____ la puerta y _____**saludad**_____ a los invitados.
(abrir, saludar - vosotros)

17) _____**Viajad**_____ a un lugar exótico este verano.
(viajar, vosotros)

18) Queridos estudiantes, _____**repitan**_____ en voz alta. (repetir, ustedes)
19) _____**Séquense**_____ con esta toalla. (secarse, ustedes)
20) _____**Escojamos**_____ una película para ver en el cine. (escoger, nosotros)
21) _____**Vuelve**_____ a intentarlo una vez más. (volver, tú)
22) _____**Sean**_____ agradecidos por lo que tienen. (ser, ustedes)
23) _____**Toma**_____ un descanso. (tomar, tú)
24) _____**Despiértense**_____ y _____**dúchense**_____.
(despertarse, ducharse - ustedes)

58

Las respuestas
Imperativo afirmativo

9. Imagine that you have a personal assistant and you are preparing a list of tasks to complete.
Fill in the blanks with **regular and irregular verbs**.

- [ ] **Organiza** _____ la agenda de reuniones. (organizar, tú)
- [ ] **Reserva** _____ un vuelo a Nueva York. (reservar, tú)
- [ ] **Prepara** _____ un informe detallado. (preparar, tú)
- [ ] **Envía** _____ un correo urgente al cliente. (enviar, tú)
- [ ] **Llama** _____ al proveedor para hacer pedidos. (llamar, tú)
- [ ] **Actualiza** _____ el sitio web con información relevante. (actualizar, tú)
- [ ] **Investiga** _____ sobre nuevos productos en el mercado. (investigar, tú)
- [ ] **Redacta** _____ el discurso para el evento. (redactar, tú)
- [ ] **Comparte** _____ el informe con el equipo. (compartir, tú)
- [ ] **Encuentra** _____ datos clave para la presentación. (encontrar, tú)
- [ ] **Acompáñame** _____ a la reunión de negocios. (acompañarme, tú)
- [ ] **Imprime** _____ los documentos. (imprimir, tú)

Las respuestas
Imperativo negativo

→ *regular verbs*

1. *Conjugate all these verbs by person.*

	llamar	escuchar	viajar	beber	prometer
Tú	no llames	no escuches	no viajes	no bebas	no prometas
Usted	no llame	no escuche	no viaje	no beba	no prometa
Nosotros	no llamemos	no escuchemos	no viajemos	no bebamos	no prometamos
Vosotros	no llaméis	no escuchéis	no viajéis	no bebáis	no prometáis
Ustedes	no llamen	no escuchen	no viajen	no beban	no prometan

	vender	escribir	recibir	abrir	cantar
Tú	no vendas	no escribas	no recibas	no abras	no cantes
Usted	no venda	no escriba	no reciba	no abra	no cante
Nosotros	no vendamos	no escribamos	no recibamos	no abramos	no cantemos
Vosotros	no vendáis	no escribáis	no recibáis	no abráis	no cantéis
Ustedes	no vendan	no escriban	no reciban	no abran	no canten

	responder	añadir	subir	practicar	correr
Tú	no respondas	no añadas	no subas	no practiques	no corras
Usted	no responda	no añada	no suba	no practique	no corra
Nosotros	no respondamos	no añadamos	no subamos	no practiquemos	no corramos
Vosotros	no respondáis	no añadáis	no subáis	no practiquéis	no corráis
Ustedes	no respondan	no añadan	no suban	no practiquen	no corran

2. *Conjugate all these verbs by person - BUT - **in this task the personal pronouns are mixed** (they go in a random order) be careful :)*

	comprar	trabajar	ayudar
Tú	no compres	no trabajes	no ayudes
Ustedes	no compren	no trabajen	no ayuden
Nosotros	no compremos	no trabajemos	no ayudemos
Vosotros	no compréis	no trabajéis	no ayudéis
Usted	no compre	no trabaje	no ayude

Las respuestas
Imperativo negativo

→ *regular verbs*

2. Conjugate all these verbs by person - BUT - **in this task the personal pronouns are mixed** (they go in a random order) be careful :)

	beber	**esconder**	**leer**
Nosotros	no bebamos	no escondamos	no leamos
Vosotros	no bebáis	no escondáis	no leáis
Usted	no beba	no esconda	no lea
Tú	no bebas	no escondas	no leas
Ustedes	no beban	no escondan	no lean

	escribir	**abrir**	**subir**
Usted	no escriba	no abra	no suba
Tú	no escribas	no abras	no subas
Nosotros	no escribamos	no abramos	no subamos
Ustedes	no escriban	no abran	no suban
Vosotros	no escribáis	no abráis	no subáis

	bailar	**comer**	**vivir**
Nosotros	no bailemos	no comamos	no vivamos
Ustedes	no bailen	no coman	no vivan
Usted	no baile	no coma	no viva
Vosotros	no bailéis	no comáis	no viváis
Tú	no bailes	no comas	no vivas

3. Fill in the **regular verbs** in the blanks in the indicated person.

1) _____**No fume**_____ en lugares públicos. (fumar, usted)
2) _____**No hables**_____ con la boca llena. (hablar, tú)
3) _____**No dejéis**_____ la puerta abierta. (dejar, vosotros)
4) _____**No compréis**_____ cosas innecesarias. (comprar, vosotros)
5) _____**No llegue**_____ tarde a la cita. (llegar, usted)
6) _____**No bebas**_____ alcohol si planeas conducir. (beber, tú)
7) _____**No corras**_____ en el pasillo. (correr, tú)

61

Las respuestas
Imperativo negativo

→ *regular verbs*

*3. Fill in the **regular verbs** in the blanks in the indicated person.*

8) _____ **No desperdicien** _____ alimentos.
(desperdiciar, ustedes)

9) _____ **No hables** _____ mal de los demás. (hablar, tú)
10) _____ **No toques** _____ ese interruptor. (tocar, tú)
11) _____ **No tires** _____ basura en la calle. (tirar, tú)
12) _____ **No dejen** _____ las luces encendidas. (dejar, ustedes)
13) _____ **No malgastéis** _____ el agua. (malgastar, vosotros)
14) _____ **No te preocupes** _____ demasiado por lo que no puedes controlar.
(preocuparse, tú)
15) _____ **No te olvides** _____ de apagar el ordenador. (olvidarse, tú)
16) _____ **No dudes** _____ en pedir ayuda si la necesitas. (dudar, tú)

17) _____ **No usen** _____ el teléfono en el cine.
(usar, ustedes)

18) _____ **No abráis** _____ la ventana, hace frío. (abrir, vosotros)
19) _____ **No te metas** _____ en problemas. (meterse, tú)
20) ¡_____ **No toquen** _____ esto! (tocar, ustedes)
21) _____ **No esperemos** _____ más. (esperar, nosotros)
22) _____ **No crucen** _____ la calle en rojo. (cruzar, ustedes)
23) _____ **No subas** _____ el volumen de la música tan alto. (subir, tú)
24) _____ **No tomes** _____ café antes de dormir. (tomar, tú)
25) _____ **No dejéis** _____ la nevera abierta. (dejar, vosotros)
26) _____ **No te peines** _____ con el cepillo de otra persona. (peinarse, tú)
27) _____ **No escriban** _____ en las páginas del libro. (escribir, ustedes)
28) _____ **No hablen** _____ en voz alta en la biblioteca. (hablar, ustedes)
29) _____ **No comas** _____ frente a la computadora. (comer, tú)

Las respuestas
Imperativo negativo

→ *irregular verbs*

4. Conjugate all these **irregular verbs** by person.

	cerrar	mostrar	estar
Tú	no cierres	no muestres	no estés
Usted	no cierre	no muestre	no esté
Nosotros	no cerremos	no mostremos	no estemos
Vosotros	no cerréis	no mostréis	no estéis
Ustedes	no cierren	no muestren	no estén

	hacer	volver	saber
Tú	no hagas	no vuelvas	no sepas
Usted	no haga	no vuelva	no sepa
Nosotros	no hagamos	no volvamos	no sepamos
Vosotros	no hagáis	no volváis	no sepáis
Ustedes	no hagan	no vuelvan	no sepan

	decir	dormir	pedir
Tú	no digas	no duermas	no pidas
Usted	no diga	no duerma	no pida
Nosotros	no digamos	no durmamos	no pidamos
Vosotros	no digáis	no durmáis	no pidáis
Ustedes	no digan	no duerman	no pidan

	repetir	salir	pensar
Tú	no repitas	no salgas	no pienses
Usted	no repita	no salga	no piense
Nosotros	no repitamos	no salgamos	no pensemos
Vosotros	no repitáis	no salgáis	no penséis
Ustedes	no repitan	no salgan	no piensen

	construir	entender	empezar
Tú	no construyas	no entiendas	no empieces
Usted	no construya	no entienda	no empiece
Nosotros	no construyamos	no entendamos	no empecemos
Vosotros	no construyáis	no entendáis	no empecéis
Ustedes	no construyan	no entiendan	no empiecen

Las respuestas
Imperativo negativo

→ *irregular verbs*

*4. Conjugate all these **irregular verbs** by person.*

	dar	**seguir**	**conducir**
Tú	no des	no sigas	no conduzcas
Usted	no dé	no siga	no conduzca
Nosotros	no demos	no sigamos	no conduzcamos
Vosotros	no deis	no sigáis	no conduzcáis
Ustedes	no den	no sigan	no conduzcan

	jugar	**ser**	**sentarse**
Tú	no juegues	no seas	no te sientes
Usted	no juegue	no sea	no se siente
Nosotros	no juguemos	no seamos	no nos sentemos
Vosotros	no juguéis	no seais	no os sentéis
Ustedes	no jueguen	no sean	no se sienten

	ver	**tener**	**freír**
Tú	no veas	no tengas	no frías
Usted	no vea	no tenga	no fría
Nosotros	no veamos	no tengamos	no friamos
Vosotros	no veáis	no tengáis	no friais
Ustedes	no vean	no tengan	no frían

	poner	**vestirse**	**acostarse**
Tú	no pongas	no te vistas	no te acuestes
Usted	no ponga	no se vista	no se acueste
Nosotros	no pongamos	no nos vistamos	no nos acostemos
Vosotros	no pongáis	no os vistáis	no os acostéis
Ustedes	no pongan	no se vistan	no se acuesten

	ir	**venir**	**moverse**
Tú	no vayas	no vengas	no te muevas
Usted	no vaya	no venga	no se mueva
Nosotros	no vayamos	no vengamos	no nos movamos
Vosotros	no vayáis	no vengáis	no os mováis
Ustedes	no vayan	no vengan	no se muevan

Las respuestas
Imperativo negativo

➡️ *irregular verbs*

5. Conjugate all these verbs by person - BUT - **in this task the personal pronouns are mixed** (they go in a random order) be careful :)

	hacer	**jugar**	**ir**
Nosotros	no hagamos	no juguemos	no vayamos
Ustedes	no hagan	no jueguen	no vayan
Usted	no haga	no juegue	no vaya
Vosotros	no hagáis	no juguéis	no vayáis
Tú	no hagas	no juegues	no vayas

	salir	**pedir**	**pensar**
Tú	no salgas	no pidas	no pienses
Ustedes	no salgan	no pidan	no piensen
Nosotros	no salgamos	no pidamos	no pensemos
Vosotros	no salgáis	no pidáis	no penséis
Usted	no salga	no pida	no piense

	acostarse	**ser**	**conducir**
Nosotros	no nos acostemos	no seamos	no conduzcamos
Vosotros	no os acostéis	no seais	no conduzcáis
Usted	no se acueste	no sea	no conduzca
Tú	no te acuestes	no seas	no conduzcas
Ustedes	no se acuesten	no sean	no conduzcan

	cerrar	**repetir**	**venir**
Usted	no cierre	no repita	no venga
Tú	no cierres	no repitas	no vengas
Nosotros	no cerremos	no repitamos	no vengamos
Ustedes	no cierren	no repitan	no vengan
Vosotros	no cerréis	no repitáis	no vengáis

Las respuestas
Imperativo negativo

➡ *irregular verbs*

6. Fill in the **irregular verbs** in the blanks in the indicated person.

1) **No salgas** sin abrigo si hace frío. (salir, tú)
2) **No te sientes** en esa silla, está rota. (sentarse, tú)
3) **No juegues** con el interruptor de la luz. (jugar, tú)
4) **No cierre** la ventana, hace calor. (cerrar, usted)
5) **No vayas** por ese camino oscuro. (ir, tú)
6) **No tengas** miedo, estamos aquí contigo. (tener, tú)
7) **No digas** esas palabras hirientes. (decir, tú)

8) **No hagas** trampa en el juego.
(hacer, tú)

9) **No seas** impaciente, todo llega a su tiempo. (ser, tú)
10) **No repita** mis errores. (repetir, usted)
11) **No haga** ruido en la sala de cine. (hacer, usted)
12) **No venga** sin su identificación. (venir, usted)
13) **No vayan** al bosque sin un guía. (ir, ustedes)
14) **No digáis** tonterías. (decir, vosotros)
15) **No pongáis** eso ahí. (poner, vosotros)
16) **No conduzca** con mucho cansancio. (conducir, usted)

17) **No frías** mucho las papas.
(freír, tú)

18) **No me pidas** hacer eso. (pedirme, tú)
19) **No se acuesten** muy tarde. (acostarse, ustedes)
20) **No calientes** tanto la sopa. (calentar, tú)
21) **No volváis** tarde. (volver, vosotros)
22) **No jueguen** con cerillos. (jugar, ustedes)
23) ¡**No se muevan**! (moverse, ustedes)
24) **No estés** tan triste, todo estará bien. (estar, tú)
25) **No empieces** por favor... (empezar, tú)
26) **No te pongas** este vestido horrible. (ponerse, tú)
27) **No veas** tantas series. (ver, tú)
28) **No sean** tan negativos, busquen soluciones. (ser, ustedes)
29) **No te vayas** sin mi. (irse, tú)

Las respuestas
Imperativo negativo

7. Now let's combine what we have covered. Fill in the **regular and irregular verbs** *in the blanks in the indicated person.*

1) **No malgastes** papel; recicla siempre que puedas. (malgastar, tú)
2) **No dejes** tus llaves dentro del coche. (dejar, tú)
3) **No te sientes** aquí, está sucio. (sentarse, tú)
4) **No te olvides** de apagar el ordenador al final del día. (olvidarse, tú)
5) **No vayas** a la montaña sin el equipo adecuado. (ir, tú)
6) **No te quejes** de todo, aprende a ser agradecido. (quejarse, tú)
7) **No bebas** alcohol antes de los 18 años. (beber, tú)

8) **No tome** fotos sin permiso. (tomar, usted)

9) **No encendáis** la luz en medio de la noche. (encender, vosotros)
10) **No juegues** con la electricidad. (jugar, tú)
11) **No vayamos** alla. (ir, nosotros)
12) **No vean** esta película, es muy aburrida. (ver, ustedes)
13) **No os acostéis** demasiado tarde. (acostarse, vosotros)
14) **No vuelvan** sin dulces. Es broma :) (volver, ustedes)
15) **No comáis** comida chatarra cada día. (comer, vosotros)
16) **No pongas** las llaves en la mesa. (poner, tú)

17) **No cierre** la oficina todavía. (cerrar, usted)

18) **No calientes** mucho la pasta. (calentar, tú)
19) **No seas** tan pesimista. (ser, tú)
20) **No pidas** refrescos, todavía tenemos desde ayer. (pedir, tú)
21) **No conduzca** cansado. (conducir, usted)
22) **No te sientas** mal por eso. (sentirse, tú)
23) **No salgan** todavía, está lloviendo. (salir, ustedes)
24) **No pienses** tanto, relájate. (pensar, tú)

Las respuestas
El repaso de los tiempos

"La Máquina del Tiempo"

Capítulo 1: El Descubrimiento

En un pequeño laboratorio de un pueblo tranquilo, la científica Sofía (trabajar) _____**trabajaba**_____ incansablemente en su último proyecto. Ella (sentir) _____**sentía**_____ una gran emoción mientras (observar) _____**observaba**_____ los resultados de sus experimentos.

Sofía: "¡Finalmente, (lograr) _____**he logrado**_____ construir la máquina del tiempo!"

Capítulo 2: El Experimento

Sofía (invitar) _____**ha invitado**_____ a su amigo Juan para que sea testigo de su gran logro. Juntos, (programar) _____**han programado**_____ la máquina y (elegir) _____**han elegido**_____ una fecha en el futuro para viajar.

Juan: "¿Estás segura de que (funcionar) **funcionará / va a funcionar**, Sofía?"

Sofía: "¡(Confiar) _____**Confía**_____ en mí, Juan! (Ir) _____**Vamos**_____ al futuro."

Juan: "¿Y eso qué es?"

Sofía: "¡No (tocar)_____**toques**_____ nada! ¿Listo?"

Juan: "Creo..."

Capítulo 3: El Viaje al Futuro

Sofía y Juan (adentrarse) ___**se han adentrado**___ en la máquina del tiempo y (activar) _____**han activado**_____ el dispositivo. De repente, (encontrarse) ___**se han encontrado**___ en una ciudad futurista llena de luces brillantes y vehículos flotantes.

Sofía: "¡Lo (lograr)_____**hemos logrado**_____! (Estar) _____**Estamos**_____en el futuro."

Las respuestas
El repaso de los tiempos

Capítulo 4: El Futuro Desconocido

Sofía y Juan (explorar) **exploran** el mundo del futuro. (Encontrar) **encuentran** robots amigables que (ayudar) **ayudan** a las personas y (ver) **ven** edificios enormes que tocan el cielo.

Juan: "Wow, el futuro (parecer) **parece** asombroso."

Sofía: "Sin duda, (ser) **es** un mundo lleno de posibilidades."

Juan: "¿Qué (hacer) **haremos**?"

Sofía: "Pues claro (ir a) **vamos a ir a** comer. Quiero saber como (saber) **sabe** la comida del futuro."

Ellos (ir) **van** al primer restaurante que ven, (entrar) **entran** y (pedir) **piden** muchos platillos diferentes. El camarero les (traer) **trae** platos pequeños con cápsulas de diferentes colores.

Juan: "¿Cómo es posible? (Comer) **He comido** solamente 9 cápsulas y ya (sentirse) **me siento** lleno. Y además son deliciosas."

Sofía: "¡Sí, es sorprendente! Pero en el futuro seguro (ir a) **vamos a** extrañar la comida normal..."

Capítulo 5: El Regreso al Presente

Después de un día emocionante en el futuro, Sofía y Juan (decidir) **deciden** regresar a su propio tiempo. Regresan a la máquina del tiempo y (ajustar) **ajustan** la fecha de regreso.

Juan: "Estoy listo para volver a casa."

Sofía: "¡(Volver) **Volvamos** al presente!"

Las respuestas
El repaso de los tiempos

Capítulo 6: La Lección del Viaje

De vuelta en su laboratorio, Sofía y Juan (reflexionar) **reflexionaban / han reflexionado** sobre su aventura en el futuro. Han aprendido la importancia de apreciar el presente y saben que sus acciones en el presente (afectar) **afectarán** el futuro.

Sofía regresa a su casa y al día siguiente su hermana la pregunta: "Sofi, ¿qué (hacer) **hiciste** ayer? ¿Por qué (regresar) **regresaste** tan tarde?"

Sofía: "Ayer (entender) **entendí** que nosotros podemos lograr todo lo que queremos. Lo más importante es soñar, trabajar y hacer este mundo cada día mejor."

Capítulo 7: Un Nuevo Comienzo

El lunes Sofía (continuar) **continuó** trabajando en su laboratorio, pero ahora con una perspectiva diferente. Ahora ella (saber) **sabe** que puede hacer un impacto positivo en el mundo con su ciencia.

* In some places, different tenses could be used depending on the idea of the author.

Video explanation why this is so -
or click on this **link**

Notes

I sincerely hope that this trainer has helped you to bring verbs conjugation to automaticity and now you will confidently use them in speech.

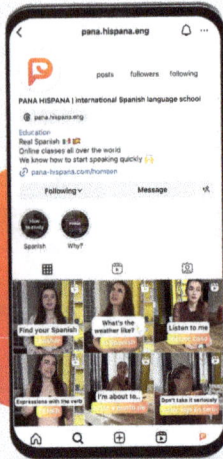

Follow us on social networks and watch useful and interesting mini-lessons

Visit page

We are also waiting for you on

At our school you can:

- improve your Spanish
- start speaking in a short time
- study topics that interest you
- prepare for an exam
and much more

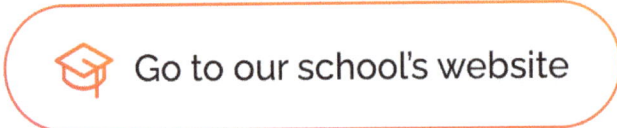

Go to our school's website